北京市特色高水平专业群（智能安全法务专业群）建设成果

北京市职业教育教学改革项目（GG2022001）建设成果

合同法律实务

Hetong Falü Shiwu

主编 彭 君 李凤伟 申娟娟

重庆大学出版社

内容提要

本书以活页式、便携式为基本特色，将合同这一大家耳熟能详的法律表现形式作为贯穿全书的线索和载体，运用项目化教学，把与老百姓生产生活密切相关的合同实务分解成掌握合同订立程序、拟订合同主要条款、确定合同效力状态、遵守合同履行规则、承担违约责任、到法院打违约官司以及处理典型合同实务等七个项目，通过具体任务、学习资料、边学边练和巩固练习等四个板块组成每一个项目的具体环节。

本书突出了案例教学的特点，每个项目根据实际内容设有"案例速递""法条链接""实务启示"等教学栏目，注重对学生和学员进行启发和引导，注重理论与实践紧密结合，强调对合同法律实务能力的训练和培养。

本书可作为高等职业院校、高等专科学校、成人教育法律或相关专业合同法教学用书，也可作为社会从业人士的业务参考书及培训用书。

图书在版编目（CIP）数据

合同法律实务 / 彭君，李凤伟，申娟娟主编 . -- 重
庆：重庆大学出版社，2023.9
ISBN 978-7-5689-3653-8

Ⅰ . ①合… Ⅱ . ①彭…②李…③申… Ⅲ . ①合同法
—中国—高等职业教育—教材 Ⅳ . ① D923.65

中国国家版本馆 CIP 数据核字（2023）第 137526 号

合同法律实务

彭 君 李凤伟 申娟娟 主 编
责任编辑：龙沛瑶 版式设计：龙沛瑶
责任校对：谢 芳 责任印制：张 策

*

重庆大学出版社出版发行
出版人：陈晓阳
社址：重庆市沙坪坝区大学城西路21号
邮编：401331
电话：（023）88617190 88617185（中小学）
传真：（023）88617186 88617166
网址：http://www.cqup.com.cn
邮箱：fxk@cqup.com.cn（营销中心）
全国新华书店经销
重庆市国丰印务有限责任公司印刷

*

开本：787mm×1092mm 1/16 印张：11.75 字数：246千
2023年9月第1版 2023年9月第1次印刷
印数：1 — 2 000
ISBN 978-7-5689-3653-8 定价：39.00元

　　随着经济社会的发展，法治意识的普及，《中华人民共和国民法典》（以下简称《民法典》）的施行，人们越来越倾向于用合同来规范和约束经济生活和社会交往活动。合同是否合法有效、如何通过合同来保障自己的权益成为人民群众日益关注的热点，合同成为习近平新时代人民群众过上美好生活的重要见证和法律保障形式。

　　依据《民法典》的规定，民事法律行为是民事主体通过意思表示设立、变更、终止民事法律关系的行为。民事主体从事民事活动应当遵循平等、自愿、公平、诚信的原则，不得违反法律，不得违背公序良俗。合同是民事主体之间设立、变更、终止民事法律关系的协议。通常除法律另有规定的情形外，合同只在当事人之间产生法律拘束力，依法成立的合同，受到法律的保护。签订并履行合同是重要的民事法律行为，是宣传和实施《民法典》的重要内容。

　　本书根据最新通过或修订的《民法典》《中华人民共和国民事诉讼法》（以下简称《民事诉讼法》）《中华人民共和国电子商务法》（以下简称《电子商务法》）以及相关司法解释等规范性法律文件的基本精神和内容编写，是主要针对高职高专学生的一本专业性法学教材，其具有以下特点：

一是目标明确。本书根据法律事务专业技能人才培养目标和法律实务岗位任职要求的教学特点和人才培养模式，以合同法律实务职业能力培养为核心，注重从合同订立到合同履行直至解决合同纠纷的设计和训练，充分体现合同法律实务能力的职业性、规范性和实践性，达到提高学生和学员基本技能的目的。

二是内容新颖。本书摒弃了大量介绍法律基本知识的模式，按照合同法律实务分析能力的基本流程安排编写。结合法律实务的规范性和实践性特色，对于有明确法律依据的工作流程，以"法条链接"的形式整理出来，不仅便于学生和学员熟悉基本的实务要求，还能通晓法律的明文规定和基本原理。

本书还专门增加了诸如电子购物从合同成立到收货环节的相关实务问题、执行前财产保全申请书模板和任务设计，介绍了最新的司法解释的规定。收集了有关法院公众号的各类诉讼文书，让学生和学员增强合同实务处理能力的情境意识，提高实践能力。

结合专业设置和人才培养的实际，专门编写旅游服务合同实务项目，助力广大旅游爱好者和旅游企业依靠旅游服务合同保护自身权益，最终实现旅游服务合同的目的。

三是体例多元。本书在每个项目末尾增加互动环节，通过提交工作成果或提出建议等方式聚焦本模块学生或学员的反馈，达到做中学，学中做。在具体的每一工作环节设定"案例速递""法条链接""实务启示"等栏目，合理设计工作任务。

全书的体例设计、大纲编排和内容撰写由彭君、李凤伟和申娟娟负责完成。在写作过程中借鉴了同行专家、学者的成果，也汲取了司法工作一线的实践经验，在此对有关人员表示感谢。由于编者水平有限，错误及疏漏之处在所难免，敬请广大读者指正。

让我们一起认识合同，履行合同，学会运用合同来创造财富，合理利用合同法来维护自己的合法权益，助力美好生活！

编　者

2023 年 6 月

目 录
Contents

项目一
订立合同

典型工作环节一 发出要约

一、具体任务

（一）发出要约的方式

1. 通常方式

一方当事人甲以订立合同为目的，通过向另一方当事人乙打电话、发电子邮件、发传真、发微信等方式做出明确的订立合同的意思表示。

打电话　　　　　　发电子邮件　　　　　　发传真

图 1.1.1　发出要约的通常方式

2. 电子要约方式[1]

消费者点击电子页面（如京东、淘宝以及微信小程序）提交订单，通过专业的"电子合同系统"发出要约等。

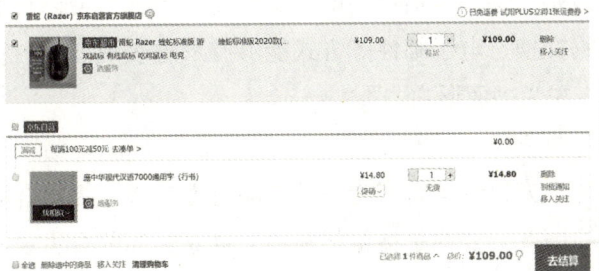

图 1.1.2　发出电子要约的方式

---

[1] 电子要约方式的主要特征在于主体利用互联网技术，通过在线平台与电子商务经营者之间进行民事行为。所以，本节将互联网收发电子邮件、发微信列为通常方式。

（二）确定要约生效的时间

甲发了一个电子邮件给乙，在邮件里发出了要约，当甲的电子邮件到达乙方的电子邮箱，甲的要约就生效了。发传真、发电报、通过微信发合同文件等都是如此。

甲给乙打电话，提出订立合同的意思表示，当乙知道其电话内容时要约生效。

（三）撤回要约

以语言对话方式作出的要约，由于当事人是在当面进行订约的磋商，要约一经发出，受要约人即刻收到，因而对话要约的性质决定了其是无法撤回的。

以文字等非对话方式作出的要约，撤回要约的通知应当在意思表示到达受要约人前或者与意思表示同时到达受要约人。

（四）撤销要约

撤销要约分为两大类：

1. 以对话方式撤销要约

因为以对话方式作出的要约，受要约人当即受领，所以要约人发出要约后，立即生效。要约生效后，撤销要约的意思表示的内容，要让受要约人知道，当受要约人知道，即达到要约失效的法律效果，受要约人无权再作出承诺。如果要约人在对话方式中未表达出撤销要约的意思，受要约人不知道其撤销要约或者受要约人已经承诺，则要约依然有效。

2. 以非对话方式撤销要约

以非对话方式撤销要约，撤销要约与受要约人受领有时间差，应遵从到达生效的原则。撤销要约应在受要约人作出承诺之前到达受要约人。此时的"到达"，与要约生效时的"到达"遵循同样的法律规则。

二、学习资料

（一）订立合同的方式

《民法典》第 469 条规定："当事人订立合同，可以采用书面形式、口头形式或者其他形式。书面形式是合同书、信件、电报、电传、传真等可以有形地表现所载内容的形式。以电子数据交换、电子邮件等方式能够有形地表现所载内容，并可以随时调取查用的数据电文，视为书面形式。"

（二）要约的构成要件

要约，是一方当事人以缔结合同为目的，向对方当事人提出合同条件，希望当事人接受的意思表示。因此，要约是指希望和他人订立合同的意思表示，通常情况下，要约人与他人均需指向特定的人。

①要约必须是特定人所为的意思表示。只有要约人是特定的人，受要约人才能对之承诺。因此，要约人是指能为外界客观确定的特定的人。

②要约必须向相对人发出。要约必须经过相对人的承诺才能成立合同，所以，要约必须是要约人向特定的相对人发出的意思表示。

③要约必须具有缔结合同的目的。凡不是以缔结合同为目的的行为，尽管是当事人的真实意思表示，也不是要约。

④要约的内容必须具体确定。所谓具体，是指要约的内容必须具有足以使合同成立的主要条款。[1] 要约的内容不必要求完整，一份合同只要具备主体、标的、数量三个要素就可以了，至于不完整的地方可以通过《民法典》第510—511条来确定。

⑤要约必须表明要约人在得到承诺时即受其约束的意旨。即要约人必须表明，要约一经受约人同意，合同即告成立，要约人就要受到约束。

【案例速递】从日常生活中的讨价还价看合同的要约部分

王府井某商场裙子标价680元。（要约邀请）

顾客：这个裙子多少钱？

老板娘：妹子，你愿意出多少钱？

顾客：180块，行不行？（要约）

老板娘：哪有这样的价，我进（货）都进不到，500块，不买算了。（反要约）

……顾客走几步。

老板娘：回来，回来，今天还没开张呢。你开个价，给个面子开个张。

顾客：到底多少钱卖？说卖价！

老板娘：最少400块，跳楼价。（要约）

顾客：最多200块。（反要约）

……

老板娘：320块，少一分都不卖了，跳楼价。（要约）

顾客：行，成交。

【案例速递】奖品在哪？[2]

2020年9月，江某、罗某在微信公众号、小红书等平台看到某电子竞技游戏比赛公告，公告中承诺：该竞技比赛冠军选手可获得MINI2020款1.5TCOOPER一台。江某、罗某遂按照公告要求报名参加比赛，最终获得了冠军。但是两人却迟迟未拿到冠军奖励。江某、罗某向天府新区法院（四川自贸区法院）提起诉讼，请求判令三家与赛事有关的公司（以下简称为A、B、C公司）向其二人支付MINI COOPER市场折现价18万元。

1 王利明，杨立新，王轶，等.民法学：下 [M].北京：法律出版社，2020：583.
2 刘冰玉.奖品在哪？[N].四川法治报，2021-11-25（7）.

审理要点

法院审理认为，B公司作为电竞比赛主办方、组织者的事实清楚，江某、罗某予以认可。该公司通过微信公众号、网站等途径发布比赛信息，构成向不特定电子游戏玩家发出要约，符合悬赏广告中的"优等悬赏广告"的特征。江某、罗某作为电子游戏选手，根据比赛组织规则取得冠军，在根据悬赏广告内容完成指定行为者中按规则评定为优等者，B公司应履行其支付报酬的义务。本案合同及微信公众号内容能够证明C公司系本次赛事商业广告的受托发布者，而非主办方，不是优等悬赏广告的悬赏人，根据合同相对性不应承担合同责任，且C公司发布的广告内容真实，电竞比赛也真实举行，B公司存在迟延履行兑现奖励的行为不能证明C公司发布了虚假广告，也不存在虚假广告的民事责任。A公司仅因商号与赛事标志相似，本案中不应承担任何责任。

【实务启示】

悬赏广告是悬赏人向不特定对象发出合同要约的一种特殊形式，特定行为人以自己完成特定行为的形式完成对该要约的承诺。完成特定行为的优胜者，竞赛组织者应当按照悬赏广告中的承诺支付报酬。

（三）要约与要约邀请的区别

要约邀请是希望他人向自己发出要约的意思表示，所以要约邀请人不受该意思表示的约束。例如，一烧烤店老板在店面橱窗悬挂店里各类食材对应的价目表，是"希望"南来北往的"路人"选择进店，向自己发出选择消费某类具体食材的意思表示，因此商品价目表便属于要约邀请。根据《民法典》第437条的规定，除了价目表之外，像拍卖公告、招标公告、招股说明书、债券募集办法、基金招募说明书、商业广告等均为要约邀请，它们面对的"他人"没有明确的目标，对象既不特定，范围又宽泛，意指任何人、所有人。与此相反，如果一份印刷精美的商业广告，不仅内容相当明确，而且针对的对象是特定的，那么这份商业广告就是要约。例如，一家果蔬超市老板张贴告示，写明本店新到海南荔枝，价格多少，欲购者如在网上下单将在2小时内送达。这里的"欲购者"是专指知晓这批海南荔枝单价，并且在网上下单的顾客，是特定的人，这家果蔬超市老板张贴的告示就属于"要约"。

想购买荔枝者可在网上下单，2小时送达——要约

本店新到海南荔枝，欢迎大家选购——要约邀请

图 1.1.3　要约与要约邀请的区别示例

要约和要约邀请，在实践中比较复杂。本书倾向于从以下四个方面来区分要约和要约邀请，[1] 见表 1.1.1。

表 1.1.1　要约与要约邀请的区别

区　别	要　约	要约邀请
当事人的意愿	具有订约意图	希望他人向自己发出要约
法律规定的形式		拍卖公告、招标公告、招股说明书、债券募集办法、基金招募说明书、商业广告和宣传、寄送的价目表等
订约提议的内容	应当包含合同的主要条款	不必包含合同的主要条款
意思表示针对的对象	原则上应向特定的相对人发出	大多是向不特定人发出

其一，依法律规定作出区分。根据《民法典》第 473 条的规定，拍卖公告、招标公告、招股说明书、债券募集说明书、基金招募说明书、商业广告和宣传、寄送的价目表等行为，属于要约邀请，据此，对这些行为一般应认定为要约邀请。

其二，根据当事人的意愿作出区分。具体来说，首先要考虑提议的内容，要约中应当含有当事人受要约拘束的意旨，而要约邀请只是希望对方主动向自己提出订立合同的意思表示。其次，要考虑提议中的声明，如当事人在其行为或提议中特别声明是要约还是要约邀请。最后，要考虑订约意图，由于要约旨在订立合同的意思表示，因此要约中应包含明确的订约意图。而要约邀请人只是希望对方向自己提出订约的意思表示，所以，在要约邀请中，订约的意图并不是很明确。

其三，根据提议的内容是否包含合同的主要条款来区分。要约的内容中应当包含合同的主要条款，如此才能因承诺人的承诺而成立合同。而要约邀请只是希望对方当事人提出要约，因此，它不必包含合同的主要条款。

其四，根据交易的习惯即当事人历来的交易做法来区分。比如，顾客询问商品的价格，根据交易习惯，一般认为是要约邀请。

【法条链接】要约邀请

《民法典》第 473 条　要约邀请是希望他人向自己发出要约的表示。拍卖公告、招标公告、招股说明书、债券募集办法、基金招募说明书、商业广告和宣传、寄送的价目表等为要约邀请。

商业广告和宣传的内容符合要约条件的，构成要约。

1　王利明，杨立新，王轶，等.民法学：下 [M].6 版.北京：法律出版社，2020：585.

【案件速递】广告承诺"地铁商铺"实际连地铁都没 [1]

2019 年 8 月，柳先生与被告房屋销售公司签订《定金合同》，购买了江山路一房屋。柳先生认为，根据《商品房销售管理办法》规定，受托房地产中介服务机构在代理销售商品房时不得收取佣金以外的其他费用。让他气愤的是，售楼广告中宣传项目位于地铁 16 号线延伸段规划中的江山路地铁口。经上海市规划和自然资源局确认，轨道交通 16 号线没有进一步延伸的相关规划。柳先生认为开发商和房屋销售公司违反广告法，所作广告系虚假广告。系争房屋是商铺，地铁交通是原告投资买房最重要的考虑因素，两被告直接误导他对购房作出错误判断。他将两家公司告上法院，要求退一赔一。

审理要点
房屋销售公司对楼盘进行的"地铁商铺"广告宣传，不是要约。法院审理后指出，根据《最高人民法院关于审理商品房买卖合同纠纷案件适用法律若干问题的解释》的规定，本案中，销售公司宣传的"规划中的 16 号线"属于对其规划范围之外周边环境的渲染、描述，不属于其可承诺范围，故该公司对 16 号线的宣传不符合上述司法解释的规定，不能视为要约。
柳先生亦无充分证据证明被告公司的说明和允诺对系争房屋的价格确定产生重大影响。此外，轨道交通规划及变更属于公开信息，柳先生亦可通过相关渠道获取该信息。柳先生以被告虚假宣传构成欺诈而要求解除合同的相关请求，缺乏事实和法律依据，法院不予支持。柳先生以销售公司无销售代理资质、违规收取其他费用及两被告售后包租为由要求解除合同，亦缺乏合同依据及法律依据，法院不予支持。最终，法院判决驳回柳先生的诉讼请求。

（四）要约的生效时间

依据《民法典》第 474 条规定，确定要约生效的时间适用本法第 137 条。

《民法典》第 137 条将要约的生效时间的确定规则区分为以对话方式作出的要约和以非对话方式作出的要约两种情形，从而分别判断要约生效的时间。

①以对话方式作出的要约，相对人知道其内容时生效。

②以非对话方式作出的意思表示，到达相对人时生效。这里的到达，不是指相对人必须亲自收到，而是指只要要约人的意思表示已进入受领人的控制领域，并在通常情况下可以期待受领人能够知悉意思表示的内容，就视为已经到达。[2]

1　陈颖婷.广告承诺"地铁商铺"实际连地铁都没［N］.上海法治报，2022-3-4（8）.
2　王利明，杨立新，王轶，等.民法学：下［M］.北京：法律出版社，2020.

【法条链接】要约的生效时间

《民法典》第137条　以对话方式作出的意思表示，相对人知道其内容时生效。

以非对话方式作出的意思表示，到达相对人时生效。以非对话方式作出的采用数据电文形式的意思表示，相对人指定特定系统接收数据电文的，该数据电文进入该特定系统时生效；未指定特定系统的，相对人知道或者应当知道该数据电文进入其系统时生效。当事人对采用数据电文形式的意思表示的生效时间另有约定的，按照其约定。

（五）要约的撤回

要约人发出意思表示之后，未到达受要约人之前，有权取消该项意思表示。这就是要约的撤回，目的是阻止要约生效。依据《民法典》第475条的规定，要约可以撤回。要约的撤回适用本法第141条。

【法条链接】要约的撤回

《民法典》第141条　行为人可以撤回意思表示。撤回意思表示的通知应当在意思表示到达相对人前或者与意思表示同时到达相对人。

（六）要约的撤销

要约的撤销，是指要约人发出意思表示之后，有权在受要约人作出承诺前，取消该项意思表示。依据《民法典》第476条的规定，要约可以撤销。《民法典》第477条将要约的撤销规则区分为以对话方式作出的要约和以非对话方式作出的要约两种情形，从而分别判断要约的撤销。

①以对话方式撤销要约，该撤销的意思表示应当在受要约人作出承诺前为其所知。

②以非对话方式撤销要约，该撤销的意思表示应当在受要约人作出承诺之前到达。

【法条链接】要约的撤销

《民法典》第477条　撤销要约的意思表示以对话方式作出的，该意思表示的内容应当在受要约人作出承诺之前为受要约人所知道；撤销要约的意思表示以非对话方式作出的，应当在受要约人作出承诺之前到达受要约人。

三、边学边练

表 1.1.2　"发出要约"学生行动表现评价和反思表

典型工作环节名称	具体任务	学生行动表现评价（自评 ×30%+ 互评 ×30%+ 老师评价 ×40%）				学生行动表现反思	
		自评得分	互评得分	教师评价得分	小计得分	学生反思	教师点评
发出要约	1.口头向客户发出要约（20分）						
	2.发微信向客户发出要约（20分）						
	3.网上购买商品发出要约（20分）						
	4.张贴商品价目表（15分）						
撤销要约	5.打电话撤回要约（15分）						
	6.发邮件撤销要约（10分）						
签字		自评人签字：		互评人签字：		教师签字：	
最终得分							—
累计得分							—
对自己未来行动表现有何期待							

四、巩固训练

下列属于要约的是（　　　）。

A.拍卖行张贴的拍卖公告　　　　　　B.店主王先生举牌报价的行为

C.拍卖师敲锤的行为　　　　　　　　D.店主王先生付款的行为

拍卖公告属于要约邀请，面对的对象是不特定的人；店主王先生举牌报价的行为是希望以多少价款买正在拍卖的物品，内容清楚明确，对象特定，是要约；敲锤的行为是承诺，此时合同已经订立成功；店主王先生的付款行为是在履行合同内容。本题的正确答案是 B。

典型工作环节二　作出承诺

一、具体任务

（一）向要约人作出同意的意思表示

打电话　　　　发电邮　　　　　　互联网　　　　传真

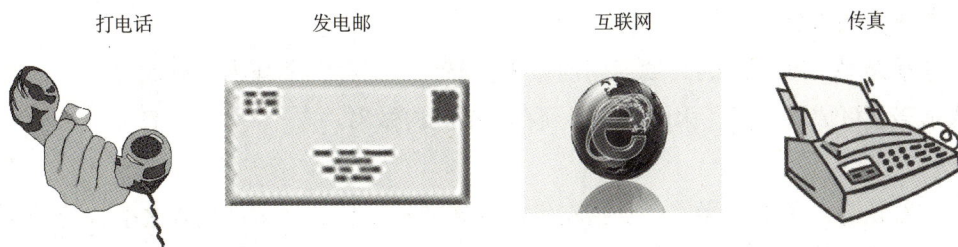

图 1.2.1　作出承诺的通常方式

（二）及时作出承诺

承诺人必须在要约的存续期间内作出承诺。

（三）遵守撤回承诺的规则

《民法典》第 141 条规定了意思表示撤回的规则，承诺撤回权的行使规则适用该条的规定。因此，撤回承诺只能在下列两种情形下才能生效：一是撤回承诺的通知应当在承诺到达要约人之前生效。二是撤回承诺的通知与要约同时到达要约人。

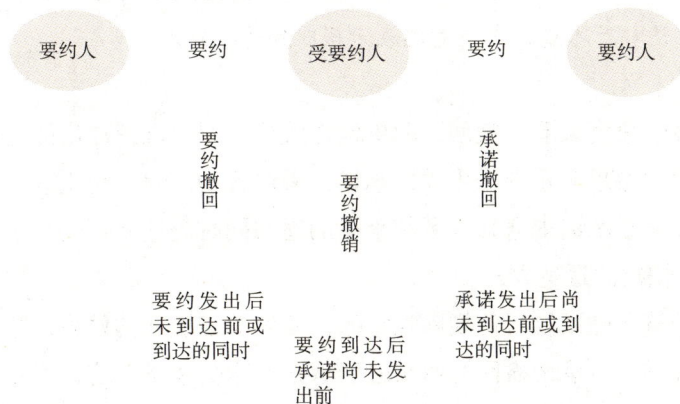

图 1.2.2　承诺撤回的生效条件

二、学习资料

（一）承诺的构成要件

承诺，是指受要约人同意接受要约人的条件以缔结合同的意思表示。承诺的内容应当与要约的内容一致。按照上面的例子，受要约人烧烤店的老板说"好嘞"的时候即作出了承诺；受要约人"欲购者"小五在看到果蔬店老板（要约人）发出购买海南荔枝的意思表示时立即网上下单买了50元的荔枝，就是承诺。承诺一经作出，并送达要约人，合同即告成立。具体来说，承诺必须满足如下条件，才能产生法律效力。

①承诺必须由受要约人作出。

②承诺必须向要约人作出。

③承诺的内容应当与要约内容一致。

④承诺必须在要约的存续期间内做出。要约在其存续期间内才有效力，一旦受要约人承诺便可成立合同，因此承诺必须在此期间内做出。

（二）承诺的撤回

一般认为，承诺的撤回，是指在发出承诺通知以后，在承诺生效之前，受要约人撤回发出的承诺，取消其效力的行为。法律之所以规定受要约人的承诺撤回权，是由于承诺的撤回发生在承诺生效之前，要约人还未曾知晓受要约人承诺的事实，合同没有成立，一般不会造成要约人的损害，因而允许受要约人根据市场的变化、需求等各种经济情势，改变发出的承诺，以保护其利益。

《民法典》第485条规定，承诺可以撤回，撤回的规则适用第141条。

【法条链接】意思表示的撤回

《民法典》第141条第1款　行为人可以撤回意思表示。撤回意思表示的通知应当在意思表示到达相对人前或者与意思表示同时到达相对人。

从文义解释的角度来看，撤回，简单地说就是收回、取消作出的同意要约的意思表示。同意要约的意思表示尚未生效，承诺人采取行动，阻止它生效。为了使后发出的承诺撤回通知早于承诺的通知或者与承诺的通知同时到达要约人，承诺人应当采取比承诺更迅速、快捷的送达方式。

承诺的撤回符合撤回权行使期限规定的，发生承诺撤回的效力，即视为没有发出承诺，合同没有成立。承诺撤回的通知迟于承诺到达受承诺人的，不发生承诺撤回的效力，承诺仍然有效。

（三）合同的成立时间

1. 一般原则

《民法典》第483条规定："承诺生效时合同成立，但是法律另有规定或者当事人另有约定的除外。"这就表明，一般情况下承诺生效，合同就宣告成立。

2. 特别规定

根据《民法典》第483条，在法律另有规定或者当事人另有约定时，承诺生效并不产生合同成立的法律效果。具体包括两种情况：

一种是法律另有规定。此种情形又可以分为两大类：第一，当事人不仅作出要约和承诺，还必须满足法律的明确规定，合同应当采用特定的形式才能成立。比如采用合同书形式订立合同的成立时间（《民法典》第490条）。第二，法律明确规定必须以标的物的实际交付作为合同成立的法定条件。比如依据《民法典》第679条的规定，自然人之间的借款合同属于实践性合同，从贷款人提供借款时成立。

【法条链接】书面形式的合同的成立时间

《民法典》第490条　当事人采用合同书形式订立合同的，自当事人均签名、盖章或者按指印时合同成立。在签名、盖章或者按指印之前，当事人一方已经履行主要义务，对方接受时，该合同成立。

【法条链接】自然人之间的借款合同的成立时间

《民法典》第679条　自然人之间的借款合同，自贷款人提供借款时成立。

另一种是当事人另有约定。当事人之间有约定的，约定应当被遵守。比如根据《民法典》第491条的规定，电子合同的当事人要求签订确认书的，签订确认书时合同成立。网络购物时，一般情况下提交订单成功时合同成立，如果当事人专门有约定的从约定。

【法条链接】信件、数据电文形式合同和网络合同成立时间

《民法典》第491条　当事人采用信件、数据电文等形式订立合同要求签订确认书的，签订确认书时合同成立。

当事人一方通过互联网等信息网络发布的商品或者服务信息符合要约条件的，对方选择该商品或者服务并提交订单成功时合同成立，但是当事人另有约定的除外。

三、边学边练

表 1.2.1　"作出承诺"学生行动表现评价和反思表

典型工作环节名称	具体任务	学生行动表现评价（自评 ×30%+ 互评 ×30%+ 老师评价 ×40%）				学生行动表现反思	
		自评得分	互评得分	教师评价得分	小计得分	学生反思	教师点评
作出承诺	1.向要约人作出完全同意的意思表示（40分）						
	2.及时作出承诺(40分)						
	3.撤回承诺（20分）						
签字		自评人签字：			互评人签字：	教师签字：	
最终得分						—	
累计得分						—	
对自己未来行动表现有何期待							

四、巩固练习

判断下列案例中承诺的有效性。

一机床厂向江河贸易公司发出要约："出售 A 型机床 5 台，单价 45 万元，同意请于 9 月底前回复。"判断下列回复的效力。

①贸易公司 9 月 20 日回复："电悉，型号、数量合适，价格 40 万元即可接受。"价格不一致不是承诺。

②半月后，机床价格暴涨，贸易公司又于 11 月 10 日去电："接受你 9 月 10 日电，可即时发货。"回复超时不是承诺。

典型工作环节三 签订合同

一、具体任务

（一）掌握一般情形下合同成立的时间确定方法

①承诺生效时合同成立。

②承诺通知到达要约人时生效。

（二）区分例外情况

①实践合同，还要交付实物，合同才成立。比如自然人之间的借款合同。

②网购合同的成立。

在网络购物的条件下，选择购买的商品或者服务并提交订单成功时合同成立，但是当事人另有约定的除外。

（三）注意合理使用定金条款

使用定金条款时，务必注明"定金"字样，避免使用"订金""保证金"等字样。定金与订金，同音不同义。常见的定金收据如图1.3.1所示，产生定金的法律效力。

收 条

今收到张小一的购房（房屋坐落于山河市卢东区苹果园街道幸福小区1号楼1单元101室）

定金人民币大写：壹拾万元整（小写：100 000.00元整）。

收款人：（手写签名并按指印）

2021年3月21日

图 1.3.1 定金收据实例

（四）选择通过银行支付，给交易留下痕迹

付款方式尽量避免现金交易。

（五）要求对方尽到说明义务

在签订合同的过程中，尽量使用清晰明确的、不易引起歧义的文字或表述，对文字不够清晰或语言含糊的地方，要让对方说明文字的真实含义或对方的真实意图，对方有义务予以说明。

（六）下载合同模板

如果日常生活中需要签订租赁、买卖、离婚协议等较为简单的合同，可以在各省市相关政府部门官网下载合同模板。

二、学习资料

（一）签订合同的形式

①书面形式，是指合同书、信件和数据电文（包括电报、传真、电子数据交换和

电子邮件）等可以有形地表现所载内容的形式。

②口头形式，包括通过当面谈判、电话等用语言作出意思表示。

③其他形式，包括行为、默示等方式。

【法条链接】合同成立

《民法典》第490条第1款　当事人采用合同书形式订立合同的，自当事人均签名、盖章或者按指印时合同成立。在签名、盖章或者按指印之前，当事人一方已经履行主要义务，对方接受时，该合同成立。

（二）定金与订金的区别

"定金"是《民法典》中的法律概念，是指为保证合同履行，双方当事人自愿约定，由一方向对方先行支付一定数量的货币或其他替代物的担保债权的形式。定金的履行规则有明确的法律规定给付定金的一方不履行债务或者履行债务不符合约定，致使不能实现合同目的的，已交付的定金不予退还；收受定金的一方不履行债务或者履行债务不符合约定，致使不能实现合同目的的，应当双倍返还已经收取的定金。

定金成立必须满足以下要件：

表 1.3.1　定金成立的条件

定金成立的条件	定金不成立的情形
最高限额不超过主合同标的的 20%	超出部分不是定金，一般视为预付款
定金由当事人在履行合同前交付	
定金是实践合同，以实际交付为成立要件	如果没有交付定金，则视为没有约定定金
定金的数额约定必须明确	

【法条链接】定金担保

《民法典》第586条　当事人可以约定一方向对方给付定金作为债权的担保。定金合同自实际交付定金时成立。

定金的数额由当事人约定；但是，不得超过主合同标的额的百分之二十，超过部分不产生定金的效力。实际交付的定金数额多于或者少于约定数额的，视为变更约定的定金数额。

【法条链接】定金罚则

《民法典》第 587 条　债务人履行债务的，定金应当抵作价款或者收回。给付定金的一方不履行债务或者履行债务不符合约定，致使不能实现合同目的的，无权请求返还定金；收受定金的一方不履行债务或者履行债务不符合约定，致使不能实现合同目的的，应当双倍返还定金。

订金，一般应视为交付的预付款，不具有与定金相同的担保性质，合同不能履行时，给付订金一方可以主张返还或者按照合同约定的方式处理订金。

三、边学边练

表 1.3.2　"签订合同"学生行动表现评价和反思表

典型工作环节名称	具体任务	学生行动表现评价（自评 ×30%+ 互评 ×30%+ 老师评价 ×40%）				学生行动表现反思	
		自评得分	互评得分	教师评价得分	小计得分	学生反思	教师点评
签订合同	1.确定自然人之间的借款合同的生效时间（30分）						
	2.网购合同的生效时间（20分）						
	3.总结合同的书面形式的类型（20分）						
	4.草拟合同中的定金条款（20分）						
	5.下载租房合同模板并草拟合同条款（10分）						
签字		自评人签字：		互评人签字：		教师签字：	
最终得分						—	
累计得分						—	
对自己未来行动表现有何期待							

四、巩固训练

①网上购物时留意确定合同生效的时间提示，截图发在课程微信群。

②查阅常见的合同书面形式的种类，列举其中三类归纳总结。

项目二
拟订合同一般条款

典型工作环节一　写明当事人信息和合同标的

合同一旦成立，双方就要依照合同约定行使权利和履行义务。彼此知道对方是谁，合同针对的具体商品或服务是什么，合同权利和义务的内容有哪些等，这些都需要通过合同条款来予以固定。从形式上看，合同的一般条款包括首部、正文和结尾三个部分。

合同双方当事人位列合同内容之首，因而当事人的姓名或者名称和住所必须写得清楚明白，准确无误，不能出现错字、别字、漏字。

一、具体任务
（一）准确写明自然人的姓名和住址

当事人为自然人的，应写明当事人的姓名，还要写明其户籍所在地或经常居住地。同时留取身份证复印件及其联系方式。

（二）准确写明法人、其他组织的名称和住所地

当事人为法人或其他组织的，应写明单位全称，还要写明单位住所地。同时留取单位的营业执照、相关的行政许可文件、企业资质等复印件。

如有委托代理人的，应填写代理人相关信息、授权事项等（图2.1.1）。

自然人	法人、其他组织
■ 姓名	■ 当事人名称
■ 身份证号码	■ 当事人住所地
■ 户籍所在地、经常居住地	■ 法定代表人或负责人
■ 联系方式	■ 代理人的授权委托书
	■ 联系电话

图2.1.1　当事人的姓名或名称

（三）规范书写标的物的名称

要清楚写明标的物的名称，同时明确标的物的规格、型号等，必要时可以辅之以图片或描述性说明。

（四）约定同物异名和同名异物的情况

1. 同物异名的例子

比如在购买中药材的合同里，金银花就是忍冬花，两者属于同物异名。同样的情形还包括天竺葵和香叶等。

2. 同名异物的例子

比如都属于青蒿药材，我国就有两种来源相同却在植物形态上存在较大差别的区分：一个是青蒿，一个是黄花蒿。

二、学习资料

当事人条款、合同标的是合同的必备条款，缺少当事人条款和合同标的的合同，合同的主要信息极其不确定，应当认定为不成立。

（一）当事人是合同关系的主体

当事人是每一个合同必须具备的条款，缺少当事人则缺少合同法律关系的主体，也就无法履行合同权利和义务，因此，合同中应包括当事人条款。当事人是自然人的，应当写明其姓名和住所，当事人是法人或其他组织的，应当写明其名称和住所。

（二）标的条款是合同的必备条款

缺少标的条款的合同，应当认为不成立。标的，即合同权利和义务指向的对象。标的直接决定和影响合同的性质和当事人之间权利义务的分配，也是签订合同的主要目的。因此，合同不能缺少标的这一条款，否则合同的存在变得毫无意义。对于标的物要说明商品名称、型号、规格、商标、单位和包装等，实现标的的确定性、排他性，从而保证合同的确定性。

（三）合同标的的种类

1. 有形财产

有形财产指具有价值和使用价值并且法律允许流通的有形物。如依不同的分类有生产资料与生活资料、种类物与特定物、可分物与不可分物、货币与有价证券等。

2. 无形财产

无形财产指具有价值和使用价值并且法律允许流通的不以实物形态存在的智力成果。如专利、商标、著作权、技术秘密等。

3. 劳务

劳务指不以有形财产体现其成果的劳动与服务。如运输合同中承运人的运输行为，保管与仓储合同中的保管行为，接受委托进行代理、中介、行纪行为等。

4. 工作成果

工作成果指在合同履行过程中产生的、体现履约行为的有形物或者无形物。如承揽合同中由承揽方完成的工作成果，建设工程合同中承包人完成的建设项目，技术开发合同中委托开发合同的研究开发人完成的研究开发工作等。

【实务速递】[1]

2015 年 7 月 10 日，原告沈飞公司与被告弘联石材厂签订《石材采购合同》，双方在合同中明确约定：被告向原告提供花岗岩石板材，货物总价款为 51.5 万元，被告应于 2015 年 10 月 13 日供货完毕。原告于 2015 年 7 月 13 日向被告支付货款 51.5 万元，但被告一直没有履行交货义务。原告遂向法院起诉要求被告返还货款 51.5 万元。

审理要点
双方对于《采购合同》的标的物花岗岩石板材的型号没有约定清楚，导致《采购合同》的标的物不具有唯一性和排他性，且原告、被告之间没有共同确认的货物清单，也不能根据其他证据推定合同标的物的型号，因此，《采购合同》的买卖标的尚未确定，《采购合同》不成立，被告退还原告货款 51.5 万元。

【实务启示】

买卖合同标的不明确，合同不成立。

---

1 福建省泉州市中级人民法院（2019）闽05民终1159号民事判决书。转引自"竞择"公众号，江钦涛：《合同标的物不明确，即便已付款，合同也无法成立》，2022-04-19.

三、边学边练

表 2.1.1 "写明当事人信息和合同标的"学生行动表现评价和反思表

典型工作环节名称	具体任务	学生行动表现评价 （自评×30%+互评×30%+老师评价×40%）				学生行动表现反思	
		自评得分	互评得分	教师评价得分	小计得分	学生反思	教师点评
写明当事人信息和合同标的	1.准确写明合同当事人的信息（20分）						
	2.规范书写标的名称（20分）						
	3.约定同名异物和同物异名的情况（20分）						
	4.约定合同标的具体规格及数量（20分）						
	5.核对要约条款(20分)						
	签字				互评人签字：		教师签字：
	最终得分						—
	累计得分						—
	对自己未来行动表现有何期待						

四、巩固练习

①课后坚持留心同物异名和同名异物等情形，截图发在学习平台班级群。

②上网查阅合同的标的种类，并列出图表归纳总结。

典型工作环节二 写明标的的数量、质量

一、具体任务

（一）约定合同标的物的具体规格及数量

根据通用名称或市场交易习惯，对合同标的物的具体规格及数量做出明确约定，避免出现不一致的情况。比如订购复印纸的买卖中，如果只约定购买"一百箱 A4 复印纸"不够明确，那么市场上就有可能出现"70 g"或"80 g"等两种规格的纸品。

（二）确定当事人对合同标的的质量标准或质量要求

比如服装上的吊牌通常标注衣物规格或安全的级别（图 2.2.1）。

① C 类就是非直接接触皮肤类服装。因此签订合同时要仔细核对检查。

② B 类就是直接接触皮肤类服装的安全标识级别。

③ A 类就是婴幼儿适用的服装的安全标识级别。

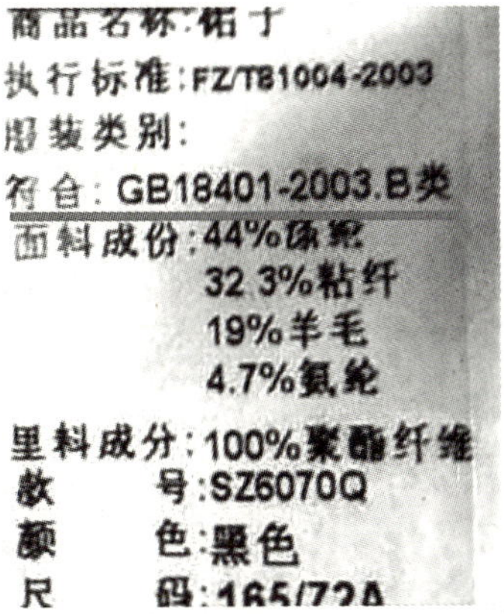

商品名称:裤子
执行标准:FZ/T81004-2003
服装类别:
符合: GB18401-2003.B类
面料成份:44%涤纶
32.3%粘纤
19%羊毛
4.7%氨纶
里料成分:100%聚酯纤维
款 号:SZ6070Q
颜 色:黑色
尺 码:165/72A

图 2.2.1

二、学习资料

（一）数量条款是合同的必备条款，缺少数量条款的合同，应当认定为不成立

合同的数量条款是衡量标的的尺度，相应的数字和计量单位应当具体、统一、准确。数量，是标的量的规定，是标的的计量，即以数字和计量单位来衡量标的的尺度。在合同中必须使用国家统一规定的度量衡和法定单位，统一计算方法。数量条款是合同的必备条款，合同缺少数量条款，又无法按照《民法典》规定的合同漏洞补充方法予以补充的，合同无法履行，应当认定合同不成立。

（二）约定标的质量的注意事项

质量意味着当事人对标的的内在品质、使用价值的评价，包括产品性能、能效级别、外观尺寸、耗能指标、工艺要求等各种指标。出卖人应当按照约定的质量要求交付标的物。出卖人提供有关标的物质量说明的，交付的标的物应当符合质量说明的要求。质量说明包括法律规定的商品必须有质量说明和当事人约定需要有质量说明两种类型。

1. 约定标的的质量标准

合同的质量条款应当明确规定标的物采用的质量标准，以及相应的质量责任等。如果标的质量要求不明确的，按照强制性国家标准履行；没有强制性国家标准的，按照推荐性国家标准履行；没有推荐性国家标准的，按照行业标准履行；没有国家标准、行业标准的，按照通常标准或者符合合同目的的特定标准履行。

【法条链接】标的质量约定不明确时的合同履行

《民法典》第 511 条第 1 项　当事人就有关合同内容约定不明确，依据前条规定仍不能确定的，适用下列规定：（一）质量要求不明确的，按照强制性国家标准履行；没有强制性国家标准的，按照推荐性国家标准履行；没有推荐性国家标准的，按照行业标准履行；没有国家标准、行业标准的，按照通常标准或者符合合同目的的特定标准履行。

2. 凭样品买卖合同，封存样品非常关键

凭样品买卖合同，关键在于卖方提供以及交付的标的物应符合与买卖双方确认并保留的样品及其说明，样品和实际交付的标的具有同一质量要求。

对于凭样品进行订货的合同，《民法典》第 635 条规定，凭样品买卖的当事人应当封存样品，并可以对样品质量予以说明。出卖人交付的标的物应当与样品及其说明的质量相同。

【案例速递】封存样品很重要 [1]

A 为一家生产企业，从 B 企业购买原料，又将生产的半成品售给 C 企业。C 企业发现用 A 企业的产品再生产出来的产品存在质量问题。委托鉴定机构鉴定后发现是 A 企业从 B 企业购买的原料有问题。为此 A 企业赔偿了 C 企业的损失，但 A 企业在向 B 企业追偿损失时却遇到了麻烦，B 企业并不认可自己的原料存在质量问题，而 A 企业购买的原料已全部制成成品出售给 C 企业，买卖过程中因没有封存样品，所以无法就原料是否存在质量问题进行鉴定。

实务启示

在买卖双方未对样品进行封存确认的情况下，所涉样品的质量争议将无法认定，交付的标的物是否符合样品亦难以认定。因此，凭样品买卖合同，封存样品非常关键。

（三）约定产品质量检验期限和产品验收方法

1. 及时检验并通知对方

如果买卖合同没有约定明确的验收时间，买方应及时检验，并在发现问题的合理时间内通知卖方。作为买方，即使接受了卖方比较苛刻的合同条款，也应该积极地对

1　萧山司法. 买卖过程中没有封存样品，遇质量问题如何维权？［EB/OL］.（2022-06-24）［2022-08-01］. 萧山司法微信公众号.

标的物进行检验并及时提出书面异议，以防止买方主张数量或质量问题因已过检验期间而被视为符合约定。

> 【法条链接】买受人的检验义务
>
> 《民法典》第 620 条　买受人收到标的物时应当在约定的检验期限内检验。没有约定检验期限的，应当及时检验。
>
> 《民法典》第 621 条第 1—2 款　当事人约定检验期限的，买受人应当在检验期限内将标的物的数量或者质量不符合约定的情形通知出卖人。买受人怠于通知的，视为标的物的数量或者质量符合约定。
>
> 当事人没有约定检验期限的，买受人应当在发现或者应当发现标的物的数量或者质量不符合约定的合理期限内通知出卖人。买受人在合理期限内未通知或者自收到标的物之日起二年内未通知出卖人的，视为标的物的数量或者质量符合约定；但是，对标的物有质量保证期的，适用质量保证期，不适用该二年的规定。

2. 标的的验收方法

实践中，很多采购合同，质量验收标准栏中填写"按国家标准执行"。货物的名称、型号、规格、数量、单价、材质、生产厂家、单位等在合同中应准确、详细。对技术性能参数较多、较广的货物，双方应另加附件，通过附件明确技术参数，避免出现采购错误。

（1）约定验收标准

①合同双方在合同中提前约定标的物的质量标准，作为交付时的验收标准。这些验收指标包含外观的大小、尺寸等数据；标的物的规格、型号等参数及其他可以定量分析的数据标准。

②验收时的检验识别。验收时，需要对质量说明书、合格证及标的物与说明书合格证是否一致进行查验，以及验明权利证明文书等证明资料。

（2）没有约定验收标准

质量标准没有约定，事后又未达成一致意见的，则按照国家标准、行业标准验收；没有国家标准、行业标准的，按照通常标准或者符合合同目的的特定标准履行。

三、边学边练

表 2.2.1　"商定写明标的的数量、质量"学生行动表现评价和反思表

典型工作环节名称	具体任务	学生行动表现评价（自评 ×30%+ 互评 ×30%+ 老师评价 ×40%）				学生行动表现反思	
		自评得分	互评得分	教师评价得分	小计得分	学生反思	教师点评
商定写明标的数量、质量	1.协商并详细写明标的的质量条款（40分）						
	2.买方及时检验货品并通知对方（30分）						
	3.约定验收方法（30分）						
签字		自评人签字：		互评人签字：		教师签字：	
最终得分						——	
累计得分						——	
对自己未来行动表现有何期待							

四、巩固练习

①课后坚持留心查找超市、百货店常用的服装鞋帽的吊牌或说明，学会识别其质量价值，截图发在学习平台班级群。

②上网查阅衣服的成分、安全级别的划分，并列出图表归纳总结。

典型工作环节三　写明合同的价款或报酬

一、具体任务

价款或者报酬，是指当事人取得合同标的所付出的货币代价。

（一）准确表述价格及其大小写

主要审查价格表述是否规范，审查计价单位、币种。数字应该大写，大写要准确，叁不要写成参，0要写成零。

人民币大写基本要求

中文大写金额数字应用如壹、贰、叁、肆、伍、陆、柒、捌、玖、拾、佰、仟、万、亿、元（圆）、角、分、零、整等字样书写，不得用一、二（两）、三、四、五、六、七、八、九、十、毛、另（或0）填写。

图 2.3.1　人民币大写的基本要求

与价格条款相关的内容，还可能包括标的的运输费用、包装费用、装卸费用以及保险费用等，事先要协商一致，并核验是否与条款一致。

（二）明确约定付款的时间与方式

为了保证卖方的利益，合同价款还应明确约定付款的时间与方式。含糊不清的约定反而滋长义务方延迟付款的风险。

以下付款时间的表述就有不足之处：

①"甲方收到商品后付款"，"收到后"好比一个只有起点没有终点的射线，令甲方付款遥遥无期，反而不具有拘束力。

建议更改为"甲方收到商品后 ×× 日内付款。"

②"甲方验货后付款"，与第①种情形类似，"验货后"仍然无法确定付款的期间。

建议更改为"甲方验货后 ×× 日内付款"。

二、学习资料

（一）合同中的价款或者报酬的确定

①价款，主要是针对标的物来说的，如买卖合同中的标的物有单价和总价。报酬则是针对服务来说的，如演出合同中，一方提供演出服务，另一方应当支付一定的报酬。

②价格和报酬条款关乎合同当事人的重要利益，也是有偿合同的主要标志。作为合同条款，应由当事人自行决定，同时不违反法律法规的强制性规定。

③双方应当明确价款或报酬的支付标准。合同生效后，当事人就质量、价款或者报酬等内容没有约定或者约定不明确的，可以协议补充；不能达成补充协议的，按照合同相关条款或者交易习惯确定。具体来说，按照订立合同时履行地的市场价格履行；依法应当执行政府定价或者政府指导价的，依照规定履行。

④双方应当明确价款或报酬的支付时间。如买卖合同中，双方当事人对价款或报酬的支付时间约定不明确的，买受人应当在收到标的物或者提取标的物单证的同时支付；买受人未按约定履行合同义务的，应当承担违约责任。

（二）准确写明价款或金额的大小写

【案例速递】储蓄存单大小写不一致，以较大金额为准

李先生将9万元存入银行，银行开出一张大写玖万元，小写为9 000元的定期储蓄存单。李先生和银行工作人员当时均未发现这一错误。第二年，李先生持到期存单到银行取款时，银行工作人员以工作疏漏，错将"玖千元"写成"玖万元"为由，只付给他9 000元本金及利息。李先生多次与银行交涉无果后诉至法院，要求判令被告支付9万元本息。法院经审理，判决银行按存单大写数额兑付李先生的本金及利息。

实务启示

银行存单表明银行和存款人之间的储蓄合同关系。存单上的大、小写金额应完全相同，根据《中国人民银行关于认定和兑付大小写金额不一致凭证问题的复函》，存单大小写不一致往往是银行工作人员操作疏忽所致，储户一般不存在过错。因此，发生纠纷时银行方面对储户的实际数额负有举证责任，如果不能充分举证证明，则应承担对其不利的法律后果。

三、边学边练

表 2.3.1　"写明合同的价款或报酬"学生行动表现评价和反思表

典型工作环节名称	具体任务	学生行动表现评价（自评 ×30%+ 互评 ×30%+ 老师评价 ×40%）				学生行动表现反思	
		自评得分	互评得分	教师评价得分	小计得分	学生反思	教师点评
写明合同的价款或报酬	1.准确表述价格及其大小写（25分）						
	2.明确甲方收到货物后XX 日内付款的具体日期（25分）						
	3.具体规定甲方验收后XX 日内付款的日期或期间（25分）						
	4.审查并写下结算时间是否明确具体到日期（25分）						
签字		自评人签字：		互评人签字：		教师签字：	
最终得分						—	
累计得分						—	
对自己未来行动表现有何期待							

四、巩固练习

①上网查阅人民币大写基本要求,并列出图表归纳总结,截图发在学习平台班级群。

②熟练运用人民币中的"零"的书写方法。

典型工作环节四　约定合同履行期限、地点和方式

一、具体任务

（一）详细写明标的物的交付时间

（二）具体写明标的物的交付方式（送货还是自提）条款，合同中列明收货方的经办人姓名

（三）确定合同履行的具体地点

（四）明确电子合同的交付时间

二、学习资料

（一）列明收货方的经办人姓名

防止经办人离开后，对方不承认收货的事实，给诉讼中的举证带来困难。

（二）协商确定履行期限条款

履行期限是指合同当事人约定的履行合同的时间界限，具体来说就是债务人履行合同义务和债权人接受履行行为的时间。

（三）按照合同履行地点履行义务

履行地点，是指合同当事人按合同的规定履行其义务的地点，也就是债务人履行债务和债权人受领给付的地点。履行地点或者根据法律规定确定，或者按照当事人的约定。它直接关系到履行的费用和时间。

（四）协商确定履行方式

履行方式，是指合同义务人履行其义务的方式。一般而言，主要包括运输方式、交货方式和结算方式等。选择不同的方式，需要考虑交易的费用，因此，要力求约定对己方有利的方式。

1. 运输方式

根据运输手段的不同，运输方式包括陆路运输、水路运输和航空运输等。

2. 交货方式

例如是一次交货还是分期分批交货，是实物交货还是交付所有权凭证，是卖方送货还是买方自提货物等。

3. 结算方式

常见的支付方式包括但不限于以下几类：

● 银行转账：最常用也是较为安全的方式；

● 开具汇票：存在实际交易或实际债权债务关系时，开立存款账户的客户均可使用；

● 开具支票：手续简便，结算迅速。

【法条链接】合同约定不明确时的履行

《民法典》第 511 条　当事人就有关合同内容约定不明确，依据前条规定仍不能确定的，适用下列规定：

（三）履行地点不明确，给付货币的，在接受货币一方所在地履行；交付不动产的，在不动产所在地履行；其他标的，在履行义务一方所在地履行。

（四）履行期限不明确的，债务人可以随时履行，债权人也可以随时请求履行，但是应当给对方必要的准备时间。

（五）履行方式不明确的，按照有利于实现合同目的的方式履行。

（六）履行费用的负担不明确的，由履行义务一方负担；因债权人原因增加的履行费用，由债权人负担。

【案例速递】[1]

2020 年 5 月 15 日，原告王女士与被告青岛某货运服务公司签订《车辆托管合作协议》。合同约定，原告自购符合运营条件的车辆托管至被告处，从事货物运输业务，托管期限自 2020 年 5 月 15 日至 2022 年 5 月 14 日，被告向原告有偿提供货运信息及货源并收取订单或合同金额 6% 的信息管理费。由被告安排的运输，若结算账户为被告账户，由被告负责代理原告向第三方结算运输费用；被告未按照合同或协议约定期限后逾期两个月向原告支付相应费用的，原告有权单方解除本协议，单方解除协议或终止履行协议的通知到达对方时即产生约束力。

2020 年 5 月 20 日至 2020 年 6 月 30 日期间，原告按照被告安排完成配送业务。2020 年 7 月 18 日，原被告对运费进行了对账确认。2020 年 7 月 27 日，原告委托律师向被告邮寄律师函，以被告拖欠运费超过两个月为由，告知被告解除《车辆托管合作协议》，并要求被告支付运费。被告回函称双方并未在协议中对支付相应费用的具体日期进行约定，故被告拖欠原告运费已超过两个月的主张缺乏依据，被告后于 2020 年 7 月 31 日支付上述运费。

1　李维春.未明确约定费用结算时间的合同纠纷［EB/OL］.（2021-03-25）［2022-08-01］.麒正万象微信公众号.

2020 年 8 月，原告向法院提起合同纠纷诉讼，主张原告于 2020 年 5 月 20 日完成首次订单业务后，被告未按照合同约定期限支付费用，已逾期两个月，构成违约，原告主张解除与被告签订的《车辆托管合作协议》。被告答辩称在签订协议时考虑到上游客户何时结算运费难以确定，故没有明确约定支付运费的具体时间，无法确定逾期支付费用的起算时间点，不构成违约。

律师以案释法

虽然原被告在协议中未明确约定费用支付的具体时间和条件，但根据相关法律规定，"合同约定履行期限不明确的，债务人可以随时履行，债权人也可以随时要求履行，但应当给对方必要的准备时间"。

原被告双方于 2020 年 7 月 18 日已就运费进行对账，被告此时即应向原告支付相关运费。但原告于 2020 年 7 月 27 日向被告发函要求支付运费时，被告仍以双方未对支付费用的具体日期进行约定为由进行抗辩。支付运费为被告的主要合同义务，被告之行为有违诚实信用，已构成违约，原告有权行使合同解除权。最终法院也支持了原告要求解除合同的诉讼请求。

（五）掌握电子合同的履行

通过互联网订立的合同，也称为电子合同。《民法典》第 512 条规定了该合同标的的交付时间和交付方式。[1]

---

1 参见本书项目四典型工作环节三"交付电子合同标的"的内容。

三、边学边练

表 2.4.1 "商定写明合同的履行期限、地点和方式"学生行动表现评价和反思表

典型工作环节名称	具体任务	学生行动表现评价（自评 ×30%+ 互评 ×30%+ 老师评价 ×40%）				学生行动表现反思	
		自评得分	互评得分	教师评价得分	小计得分	学生反思	教师点评
商定并写明合同的履行期限、地点、方式	1.详细写明商品或服务的交付时间（25分）						
	2.具体写明商品或服务的交付方式（送货还是自提）条款（25分）						
	3.确定合同履行的具体地点（25分）						
	4.掌握电子合同的交付时间（25分）						
签字		自评人签字：		互评人签字：		教师签字：	
最终得分						—	
累计得分						—	
对自己未来行动表现有何期待							

四、巩固练习：写作训练

当事人双方必须严格执行合同履行的时间，最好确定具体日期或期间。如果供货方说"供货方将尽量在收到首付款之后发货"，你作为收货方的谈判代表，应该怎么修改呢？

合同条款应当语言规范，少用口语。不可用"尽可能在"或"争取在"表示态度的短语。此外，为了约束买方，减少使用"以前""以内""以后"，应用显示一个完整的有起始时间的期间作为付款的期限。所以，建议修改为"供货方将收到首付款7日内发货"。

典型工作环节五　商定违约责任及争议处理条款

一、具体任务

（一）约定违约金具体数额

确定合同中违约金的具体数额，或者以合同约定的损失赔偿额计算方法来计算违约金数额。

（二）约定因违约所造成的损失

因违约所造成的损失，包括合同履行后可以获得的利益，其上限不得超过违约方订立合同时预见到或应当预见到的损失。

（三）调整违约金的数额

相对于因一方违约给对方造成的损失，违约金过高过低，都有机会进行调整。

（四）协商确定解决合同争议的方式

图 2.5.1　解决争议的方法

（五）写明采取和解或调解解决争议

图 2.5.2　协商确定合同争议处理的条款

（六）约定诉讼解决合同争议

（七）约定采取仲裁的方式解决合同争议

图 2.5.3　写明诉讼解决合同争议

图 2.5.4　约定仲裁解决合同争议

二、学习资料

违约责任，是指合同当事人不履行或不完全履行合同约定的义务所引起的法律后果。当事人可以就违约责任作出具体约定。

争议解决办法，是指当事人事先约定的，在履行过程中发生争议时，应当通过何种方式来解决纠纷。

（一）约定违约责任条款

合同当事人可以在合同中明确约定，违约方应承担的具体责任。既可以事先约定违约金的数额、幅度，也可以约定损害赔偿额的计算方法、具体数额或赔偿范围。约定违约责任条款要符合法律规定，合理可行。具体可参见项目五"承担违约责任"的相关内容。

（二）自愿选择解决争议的方法

当事人依法享有自愿订立合同的权利，任何单位和个人不得非法干预。当事人签不签订合同，与谁签订合同，以什么形式签订合同，合同规定什么内容等都取决于他的自愿，解决争议的方法也是如此。解决争议的方法是指合同当事人对解决争议方法的规定，这些方法包括和解、调解、仲裁与诉讼。

【案例速递】莫忽视合同中的解决争议条款[1]

章先生有一套位于闹市区的闲置房屋想要出售，阳先生有意向购买，通过中介公司联系到了章先生。在中介的促成下，章先生和阳先生签订了房屋买卖合同并且交纳了定金，章先生、阳先生以及中介公司三方签订了居间服务合同。阳先生开始设计房屋的装修，发现房屋的暖气管道有些破裂的痕迹，于是阳先生以房屋存在质量问题为由要求章先生返还定金，并且解除合同。章先生不同意，于是阳先生起诉至法院欲通过法律手段解决纠纷。法官审查时发现房屋买卖合同中约定了纠纷发生时由仲裁机构进行仲裁的条款，于是阳先生只能将房屋买卖合同交与仲裁机构仲裁。

1　曾竞，李鹏.莫忽视合同中的解决争议条款［EB/OL］.（2010-04-15）［2022-01-09］.北京法院网.

仲裁时，阳先生发现仲裁费用远高于法院的诉讼费用。同时，阳先生认为中介公司在中介服务中违反了合同中的保证房屋质量的约定，于是将中介公司起诉至法院。阳先生感到很郁闷，一件纠纷引出的后果需要两个机构来解决，自己花费了更多的精力和金钱。所以签订合同条款时最好仔细推敲合同各条款，避免产生麻烦。

实务启示

A. 当事人不能约定既可以向仲裁机构申请仲裁也可以向人民法院起诉。

B. 仲裁一裁终决节省时间，但费用较高。

三、边学边练

表2.5.1　"商定违约责任争议处理条款"学生行动表现评价和反思表

典型工作环节名称	具体任务	学生行动表现评价（自评×30%+互评×30%+老师评价×40%）				学生行动表现反思	
		自评得分	互评得分	教师评价得分	小计得分	学生反思	教师点评
商定违约责任及争议处理条款	1.审查有无违约责任条款（20分）						
	2.约定违约金具体数额或比例（30分）						
	3.写明采取和解或调解解决争议（25分）						
	4.约定诉讼解决合同争议（25分）						
签字		自评人签字：			互评人签字：		教师签字：
最终得分						—	
累计得分						—	
对自己未来行动表现有何期待							

四、巩固练习

①熟读并实践下列通用违约条款：

甲方未能按本合同规定的时间付款的，从逾期之日起每日按本欠款总额万分之五的数额向乙方支付违约金；若经乙方书面催告后甲方仍拒不支付的，则在逾期付款 30 日后，乙方有权终止本合同。[1]

②在实际生活中，有的人为了省事，在签订合同时喜欢写上"未尽事宜按照法律途径解决"这样一句很笼统的话。实际上，合同纠纷可以约定解决，或自行和解，或调解，或者起诉，或者仲裁等方式。以小组为单位挑选上述其中一种纠纷解决方式，查找资料或案例，做成课件在课上展示。

典型工作环节六　拟订合同生效条件重视格式条款

一、具体任务

（一）写明合同生效条件

在合同的最后，应写明合同的生效条件或生效时间，如合同在双方签字盖章后生效，或乙方交纳保证金后生效，或在合同经公证后生效等，也可以直接约定合同的具体生效时间。如果生效条件不具备，合同只是成立了，不能生效；未到合同约定的时间，合同也不能生效。实务中通常约定生效条件为"合同在双方签字盖章后生效"。注意"签字和盖章"是指双方均签字并盖章后，合同生效。"签字或盖章"意味着满足签字或盖章一项，合同生效。

（二）严格审查对方的姓名、单位名称等内容

对于法人和非法人组织来讲，关键是审查双方的单位名称、合同首部的单位名称以及尾部所加盖公章或合同专用章上的单位名称是否完全一致。盖章应和其市场监督管理局档案留存的印章一致。

实务启示

A. 应写单位全称（工商部门注册的名称），不可随意简化，也不能写别称。

B. 注明简称，如"甲方""乙方"；"供方""需方"；"买方""卖方"。但不能使用"你方""我方"。

（三）正确写好落款

落款包括姓名或名称（代理人、经办人等）、开户行、账号，以及有无漏签等。

（四）加盖公章应当清晰可辨

1　甘东阳.如何合理科学地起草与审查合同违约条款［EB/OL］.（2021-07-13）［2022-05-01］.小甘普法微信公众号.

（五）辨别格式条款

在日常生活中，到银行或是通信公司办理业务时，工作人员会拿出几份合同让客户签名。面对冗长的合同，许多人往往跳过阅读，直接在签名栏落笔。这些已经预先拟定了，另一方只能表示全部同意或者不同意的合同条款，就是格式条款。

1. 识别带有限制对方权利意味的"重点"条款

表 2.6.1　识别重点条款

①要求对方承担违约金、赔偿责任、增加费用的。

②要求对方不得解除或终止合同，或不得要求退款的，或退款要扣除相当一部分费用的。

③说明合同起草方不承担责任，或限制合同起草方承担责任的。

2. 留心对有关条款进行的说明与特别提示

表 2.6.2　留心对有关条款进行的说明和特别提示

①对方签约处专门增加的签约提示条款。

②让对方抄写指定文字，并签署，位置一般在尾部签约处。

③合同另附一页由对方签署确认有关条款。

④网站上要求对方专门点击确认该条款。

3. 识别经营者提供的无效格式条款

（六）掌握常见的消费领域格式条款

总体而言，实务中这类条款较为常见，特别是消费领域内下列内容的格式条款容易遭到处罚：

表 2.6.3　常见的无效格式条款

经营者对人身或财产损失"一概免责"的

解释权归经营者一方的

经营者一方有权随时修改条款的

限制消费者解除合同、索赔、退款的

要求消费者承担较高的违约金的

二、学习资料

（一）签订合同主要条款的注意事项

1.合同生效条件约定，可别忽视了这些细节 [1]

①未作约定时，合同自签字或盖章时生效。

合同条款对生效条件未作约定时，依据《民法典》第502条"依法成立的合同，自成立时生效"的规定，合同自签字或盖章时成立并生效。

②"签字、盖章"一般指签字并盖章时生效

首先，"签字盖章"一般指签字或盖章时生效。根据最高人民法院的相关判例，"签字盖章"一般指签字或盖章时生效。为避免争议，建议应直接书写为"合同自签字或盖章之日起生效"。

其次，"签字、盖章"表示签字和盖章之间是并列关系，建议写下"合同自签字并盖章之日起生效"的条款。

【案例速递】

大山公司和碧波公司签订合同，约定大山公司向碧波公司出借人民币500万元，借期为一年。同时约定合同"自签字、盖章之日起生效"。嗣后，大山公司没有如期出借约定款项，碧波公司起诉至人民法院，要求大山公司履行合同。大山公司以合同只有法定代表人签字，没有公司盖章主张合同没有生效。

> 法院审理认为：因为顿号前后两个词语的关系为并列关系，所以合同约定的生效条件为签字和盖章同时具备。由于大山公司没有加盖印章，因此合同没有生效，碧波公司依据没有生效的合同要求大山公司履行合同义务，事实依据不足，驳回了碧波公司的请求。

【实务启示】

"签字、盖章"表示签字和盖章之间是并列关系，只有在签字和盖章同时具备的情形下，协议才生效。为避免争议，建议应直接书写为"合同自签字并盖章之日起生效"。

当然，依据《民法典》第490条的规定，采用合同书形式订立合同，在签字、盖章或者按指印之前，当事人一方已经履行主要义务，对方接受的，合同成立。如合同当事人以实际行动履行了合同权利和义务，则一般应视为合同成立并生效，而不能以书面约定为由，否认合同的效力。

1　星煌商事律师团队.合同生效条件约定，可别忽视了这些细节［EB/OL］.（2021-06-09）［2022-02-01］.星煌商事律师团队微信公众号.

【法条链接】合同成立时间

《民法典》第490条第1款 当事人采用合同书形式订立合同，自当事人均签名、盖章或者按指印时合同成立。在签字、盖章或者按指印之前，当事人一方已经履行主要义务，对方接受时，合同成立。

2. 其他注意事项

合同涂改要盖章确认；合同附件要盖章；合同要加盖骑缝章；合同文本中不留空格；合同应保留三份以上。

（二）格式条款的概念

所谓格式条款，是指一方当事人为了反复使用而预先拟定的，在订立合同时不与对方协商，而对方只能予以接受或不接受的条款。其中，免除自身责任、加重对方责任、排除对方主要权利的条款，被人们通俗地称为"霸王条款"。

【法条链接】格式条款的含义

《民法典》第496条 格式条款是当事人为了重复使用而预先拟定，并在订立合同时未与对方协商的条款。

（三）格式条款的特点

①格式条款不是针对特定交易主体专门拟定的，而是面向不特定的社会公众，且能够广泛、反复使用。

②格式条款是预先拟定的。格式条款是提供者根据自身交易需要预先制作，比如保险合同中的"免赔条款"等。

③格式条款未经与对方协商。不预先协商是格式条款的本质特征，格式条款的接受方只能概括性接受，而没有协商的权利。

（四）对提供格式条款一方的限制

签订合同时，我们既要注意按照上述方法审查合同中的格式条款内容，也要注意珍惜法律对保护消费者自身权益而对提供格式条款方的限制。也就是说，提供格式条款的一方应当遵循以下四个原则。

第一，应当遵循公平原则确定合同双方的权利与义务，对于加重对方义务、减轻或免除自身责任等的条款，依法可能被认定为无效。

第二，提供方应采取合理的方式提示对方注意免除或减轻其责任等与对方有重大利害关系的条款，并对该条款进行说明。

①格式条款提供方未以合理的方式向对方明示。比如未采用加粗、加大字号、字体颜色、符号等特殊处理，不足以引起接受方的注意。

②提供方未向对方提示或说明，以致对方未能注意或理解的。格式条款的提供方除须提示接受方注意到格式条款外，还应当按照对方的要求，对条款予以解释说明，保障接受方能够正确理解条款的含义。

③提示说明义务的范围，限于与对方有重大利害关系。合同标的、数量、质量、价款报酬、履行方式、违约责任以及解决争议的方法等，为合同应具备的基本条款，凡涉及上述内容的特殊约定，如免责条款，限制对方权利或加重对方义务的条款，应属于与对方有重大利害关系的条款，提供方有义务进行提示和说明。

④格式条款与非格式条款不一致时，应当采用非格式条款。如果在所签订的合同中，既存在格式条款，又存在非格式条款，并且条款的内容不一致，采用不同的条款会对双方当事人的利益产生重大影响时，优先适用非格式条款，通过非格式条款确认合同内容，保护双方当事人的合法利益。

第三，提供格式条款的一方未履行提示或者说明义务的，对方可以主张该条款不成为合同的内容。根据《民法典》第496条的规定，提供格式条款的一方未履行提示或者说明义务，致使对方没有注意或者理解与其有重大利害关系的条款的，对方可以主张该条款不成为合同的内容。也就是说，这些条款根本就没有成立。

第四，选择不利于提供方的解释原则。当无法按通常理解解释时，应当作出不利于提供格式条款一方的解释。因为格式条款是特定的一方当事人提供的，是无法协商的，因此另一方当事人可能并不是出于真实的意思表示，从而使其利益受到损害，因此，民法出于保护弱者的初衷，设定此解释方式。

【法条链接】格式条款的解释

《民法典》第498条　对格式条款的理解发生争议的，应当按照通常理解予以解释。对格式条款有两种以上解释的，应当作出不利于提供格式条款一方的解释。格式条款和非格式条款不一致的，应当采用非格式条款。

（五）辨析格式条款的无效情形

格式条款并非一律无效。"尽管对格式条款与对一般合同条款一样，都应当按照民事法律行为的一般生效标准来判断，但格式条款本身具有其特殊性，对于格式条款的生效，法律上应当有更为严格的限制。"[1]由于格式条款的订立过程有悖于平等协商，

---

[1] 王利明.民法:下［M］.8版.北京:中国人民大学出版社,2020:98.

因此，条款本身是否有效，还得审核其内容是否遵循公平原则和相关法律规定，比如《中华人民共和国消费者权益保护法》（以下简称《消费者权益保护法》）等。

【法条链接】格式条款的无效情形

《民法典》第 497 条　有下列情形之一的，该格式条款无效：

（一）具有本法第一编第六章第三节和本法第五百零六条规定的无效情形；

（二）提供格式条款一方不合理地免除或者减轻其责任、加重对方责任、限制对方主要权利；

（三）提供格式条款一方排除对方主要权利。

根据《民法典》《消费者权益保护法》《中华人民共和国电子商务法》《中华人民共和国民事诉讼法》（以下简称《民事诉讼法》）等法律规定，最高人民法院结合审判实践，制定《最高人民法院关于审理网络消费纠纷案件适用法律若干问题的规定（一）》，该规定自 2022 年 3 月 15 日起施行。其第一条列举了常见的五种网络消费中的无效格式条款。

电子商务经营者提供的格式条款有以下内容的，人民法院应当依法认定无效：
（一）收货人签收商品即视为认可商品质量符合约定；
（二）电子商务平台经营者依法应承担的责任一概由平台内经营者承担；
（三）电子商务经营者享有单方解释权或者最终解释权；
（四）排除或者限制消费者依法投诉、举报、请求调解、申请仲裁、提起诉讼的权利；
（五）其他排除或者限制消费者权利、减轻或者免除电子商务经营者责任、加重消费者责任等对消费者不公平、不合理的内容。

三、边学边练

表 2.6.4　"写明生效条件重视格式条款"学生行动表现评价和反思表

典型工作环节名称	具体任务	学生行动表现评价（自评×30%+互评×30%+老师评价×40%）				学生行动表现反思	
		自评得分	互评得分	教师评价得分	小计得分	学生反思	教师点评
写明生效条件重视格式条款	1.写明合同生效条件（25分）						
	2.核对对方的姓名、单位名称等内容（15分）						
	3.正确写好落款(20分)						
	4.加盖公章应当清晰可辨（15分）						
	5.识别带有限制对方权利意味的"重点"条款（10分）						
	6.防止经营者提供的无效格式条款（15分）						
签字		自评人签字：		互评人签字：		教师签字：	
最终得分						—	
累计得分						—	
对自己未来行动表现有何期待							

四、巩固练习

光辉与培训机构签完合同，上完一节课后发现课程内容与销售广告完全不同，遂要求退款，但培训机构以上过课为由拒绝退款，对此，以下说法正确的是（　　）。

A. 只能跟培训机构协商更改为更合理的上课内容

B. 在培训机构的门口上访，让培训机构不能正常上课，直至退钱

C. 光辉已签订合同，只能按照合同约定继续上课，不能进行退课退款

D. 如果培训机构没有在签订合同时对退课条款予以特别说明，光辉可以主张该条款不成为合同的内容

根据《民法典》第496条的相关规定，提供格式条款的一方未履行提示或者说明义务，致使对方没有注意或者理解与其有重大利害关系的条款的，对方可以主张该条款不成为合同的内容。因此，如果培训机构没有在签订合同时对退课条款予以特别说明，光辉可主张该条款不成为合同内容。据此，选D。

项目三

确定合同效力状态

典型工作环节一　确定合同有效的条件

一、具体任务

（一）熟记合同的五种效力状态

合同成立后，根据不同的情况会出现五种效力状态，分别是合同有效、合同无效、合同可撤销、合同效力待定和合同未生效。

表 3.1.1　五种合同效力状态

合同有效
合同无效
合同可撤销
合同效力待定
合同未生效

（二）理解合同成立后的生效规则

（三）掌握合同有效的一般规则

合同的生效，是指因符合法律的规定，已经成立的合同能够产生法律上的拘束力。

二、学习资料

无论在理论上还是在实践中，要注意区分合同生效和合同有效，合同有效强调合同当事人的意志与国家意志、社会利益的一致性，有效的合同可能因法律另有规定或者当事人另有约定而不生效。如：须经批准但尚未经批准的合同就是有效但未生效的合同；当事人附生效期限的合同；等等。

（一）合同成立后的生效规则

根据《民法典》第 502 条的规定，合同成立后的生效规则表现为三个方面：

第一，依法成立的合同，自成立时生效，但是法律另有规定或者当事人另有约定的除外。

第二，依照法律、行政法规的规定，合同应当办理批准等手续的，依照其规定。未办理批准等手续影响合同生效的，不影响合同中履行报批等义务条款以及相关条款的效力。应当办理申请批准等手续的当事人未履行义务的，对方可以请求其承担违反该义务的责任。

第三，依照法律、行政法规的规定，合同的变更、转让、解除等情形应当办理批准等手续的，适用前款规定。

（二）合同有效的一般条件

合同有效，这就意味着该合同获得了法律的"认可"。当事人之间订立的合同要想有效需要具备三个条件，即行为人具有相应的民事行为能力、意思表示真实、不违反法律和行政法规的强制性规定或者不违背公序良俗。

《民法典》第143条规定，具备下列条件的民事法律行为有效：①行为人具有相应的民事行为能力；②意思表示真实；③不违反法律、行政法规的强制性规定，不违背公序良俗。

三、边学边练

表 3.1.2 "确定合同有效的条件"学生行动表现评价和反思表

典型工作环节名称	具体任务	学生行动表现评价（自评 ×30%+ 互评 ×30%+ 老师评价 ×40%）				学生行动表现反思	
		自评得分	互评得分	教师评价得分	小计得分	学生反思	教师点评
确定合同有效的条件	1.熟记合同的5种效力状态（35分）						
	2.理解合同成立后的生效规则（30分）						
	3.掌握合同有效的一般规则（35分）						
签字		自评人签字：		互评人签字：		教师签字：	
最终得分						—	
累计得分						—	
对自己未来行动表现有何期待							

四、巩固练习

《民法典》第 8 条规定："民事主体从事民事活动，不得违反法律，不得违背公序良俗。"司法实践中该原则通常作为判断合同效力的主要依据。秦磊支付刘晓莲 8.2 万元，委托刘晓莲办理孩子择校入学事宜，刘晓莲接受秦磊支付的款项，双方形成事实上的委托合同关系。

司法实践

从双方委托事项的性质来看，该委托违反公平公正原则，扰乱了正常的教育资源配置，侵犯了正常的教育秩序，有损社会公共利益，故双方之间的委托合同系无效合同。根据法律规定，合同无效或者被撤销后，因该合同取得的财产，应当予以返还。

典型工作环节二　判断可撤销合同的效力状态

一、具体任务

（一）辨析基于重大误解签订的合同的效力状态

（二）辨析因欺诈签订的合同的效力状态

（三）辨析因胁迫签订的合同的效力状态

（四）辨析因显失公平签订的合同的效力状态

（五）总结可撤销合同的种类

可撤销合同
- 因重大误解而订立的合同
- 因欺诈而订立的合同
- 因胁迫而订立的合同
- 因显失公平而订立的合同

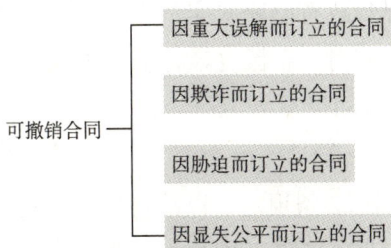

图 3.2.1　可撤销合同的种类

二、学习资料

可撤销合同，是指当事人的意思表示不真实，法律允许撤销权人通过行使撤销权而使已经生效的合同归于无效。

（一）可撤销合同的特征

1. 意思表示不真实的合同

2. 在未撤销之前为有效合同，只有在撤销后才归于无效

3. 合同的撤销与否，取决于撤销权人是否行使撤销权

对于可撤销合同，撤销权人有权决定是否提出撤销。如果撤销权人未在规定的期限内行使撤销权，或者撤销权人仅仅要求变更合同的条款，并不要求撤销合同，那么可撤销合同依然有效，当事人应依合同规定履行义务。

（二）可撤销合同的种类

1. 因重大误解订立的合同

《最高人民法院关于适用〈中华人民共和国民法典〉总则编若干问题的解释》（以下简称《民法典总则编解释》）第19条规定，行为人对行为的性质、对方当事人或者标的物的品种、质量、规格、价格、数量等产生错误认识，按照通常理解如果不发生该错误认识行为人就不会作出相应意思表示的，人民法院可以认定为重大误解。

在实践中，主要存在以下几种情形的误解：如对合同性质的误解，如误以借贷为赠予，误以出租为出卖；对相对人、对标的物价格以及品种等产生的误解等。

2. 因欺诈订立的合同

《民法典》第148条规定："一方以欺诈手段，使对方在违背真实意思的情况下实施的民事法律行为，受欺诈方有权请求人民法院或者仲裁机构予以撤销。"故意告知虚假情况，或者负有告知义务的人故意隐瞒真实情况，致使当事人基于错误认识作出意思表示的，人民法院可以认定为欺诈。

欺诈行为的构成要件有4点：①行为人在主观上具有欺诈的故意。这种故意反映在行为人的要约或承诺过程中。②行为人在客观上实施了欺诈行为。如故意告诉虚假情况的，即要约或承诺表示中提供虚假的信息，且在合同履行中未就虚假信息予以更正等；有义务告知真实情况却故意隐瞒真实情况的。③相对人因受欺诈而对要约或承诺的条件产生错误判断。④相对人在因受欺诈而对要约或承诺的条件产生错误判断的基础上与行为人订立、履行合同。

3. 因胁迫订立的合同

《民法典总则编解释》第22条规定，以给自然人及其近亲属等的人身权利、财产权利以及其他合法权益造成损害或者以给法人、非法人组织的名誉、荣誉、财产权益等造成损害为要挟，迫使其基于恐惧心理作出意思表示的，人民法院可以认定为胁迫。

通常认为，胁迫的构成要件主要有以下4个方面：

①须有胁迫行为。胁迫以将要发生的损害相要挟或者以直接面临的损害相要挟。胁迫的程度要达到使被胁迫人感到恐惧的程度，而不论损害是否属于重大。

②须有胁迫的故意。胁迫人有使被胁迫人产生恐惧的故意，并使被胁迫人基于该恐惧心理而作出意思表示的意思。

③胁迫具有非法性。不管是目的具有非法性还是手段具有非法性，都构成胁迫的非法性。

④因果关系。这里包括两层因果关系，一层是被胁迫人因胁迫而产生恐惧心理；另一层是基于该恐惧心理作出了不自由的意思表示。

4. 显失公平签订的合同

根据《民法典》第151条的规定，一方利用对方处于危困状态、缺乏判断能力等情形，致使民事法律行为成立时显失公平的，受损害方有权请求人民法院或者仲裁机构予以撤销。

显失公平的构成要件包括主观要件和客观要件。主观要件要求合同的一方存在利用其优势或者利用对方轻率、没有经验等而与对方订立显失公平的故意。客观要件是指当事人在给付与对待给付之间失衡或造成利益不平衡。这就意味着一方得到的给付明显多于另一方得到的给付，并且表现为合同成立时构成显失公平。[1]

表 3.2.1　民法典确定的可撤销合同的情形

《民法典》第147条：基于重大误解实施的民事法律行为，行为人有权请求人民法院或者仲裁机构予以撤销。
《民法典》第148条：一方以欺诈手段，使对方在违背真实意思的情况下实施的民事法律行为，受欺诈方有权请求人民法院或者仲裁机构予以撤销。
《民法典》第149条：第三人实施欺诈行为，使一方在违背真实意思的情况下实施的民事法律行为，对方知道或者应当知道该欺诈行为的，受欺诈方有权请求人民法院或者仲裁机构予以撤销。
《民法典》第150条：一方或者第三人以胁迫手段，使对方在违背真实意思的情况下实施的民事法律行为，受胁迫方有权请求人民法院或者仲裁机构予以撤销。
《民法典》第151条：一方利用对方处于危困状态、缺乏判断能力等情形，致使民事法律行为成立时显失公平的，受损害方有权请求人民法院或者仲裁机构予以撤销。

（三）撤销权的行使期限

《民法典》第152条规定，有下列情形之一的，撤销权消灭：①当事人自知道或者应当知道撤销事由之日起一年内、重大误解的当事人自知道或者应当知道撤销事由之日起九十日内没有行使撤销权；②当事人受胁迫，自胁迫行为终止之日起一年内没有行使撤销权；③当事人知道撤销事由后明确表示或者以自己的行为表明放弃撤销权。当事人自民事法律行为发生之日起五年内没有行使撤销权的，撤销权消灭。

1　王利明，杨立新，王轶，等.民法学：上［M］.北京：法律出版社，2020：220.

三、边学边练

表 3.2.2　"判断可撤销合同的效力状态"学生行动表现评价和反思表

典型工作环节名称	具体任务	学生行动表现评价（自评×30%+互评×30%+老师评价×40%）				学生行动表现反思	
		自评得分	互评得分	教师评价得分	小计得分	学生反思	教师点评
判断可撤销合同的效力状态	1.辨析重大误解签订的合同效力状态(20分)						
	2.分析因欺诈签订的合同的效力状态（20分）						
	3.分析因胁迫签订的合同的效力状态（20分）						
	4.分析显失公平的合同的效力状态（20分）						
	5.总结可撤销合同的种类（20分）						
签字		自评人签字：		互评人签字：		教师签字：	
最终得分						—	
累计得分						—	
对自己未来行动表现有何期待							

四、巩固训练

红苹果药店认为 2 月后口罩价格会上涨，就和山川口罩生产厂订购了 2 000 个口罩囤积起来以备销售。结果口罩价格 2 月后并未上涨，红苹果药店有权撤销与山川口罩生产厂的合同吗？

在裁判实践中，裁判机构对于重大误解的认定是持严格谨慎态度的。因为一旦认定重大误解，表意人可撤销合同，动摇合同的基础，不利于交易安全。典型的不被认为构成重大误解情形的就是出现动机错误，囤口罩的目的是囤货待口罩涨价后大赚一把，属于自身确定的动机错误，不被认为是重大误解。

典型工作环节三　判断合同的效力待定状态

一、具体任务

（一）掌握 2 种效力待定的合同类型

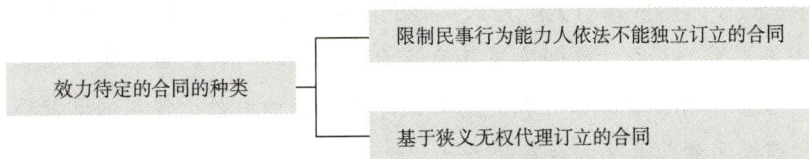

限制民事行为能力人依法不能独立订立的合同

效力待定的合同的种类

基于狭义无权代理订立的合同

图 3.3.1　2 种效力待定的合同

（二）明确效力待定合同追认权的行使

二、学习资料

效力待定的合同，是指合同虽已成立，但是否能够发生法律效力却不确定，需要经过特定第三人或本人的行为才能使合同确定生效或确定不生效的合同。该类合同既存在转变为有效合同的可能性，也存在转变为无效合同的可能性，所以称为效力待定的合同。效力待定的合同处于无效和有效的中间状态，其效力状态尚不确定，有待于其他追认权人的追认行为使其确定。

（一）确定效力待定合同的效力状态的方法

效力待定的合同是否发生法律效力，要看追认权人是否追认，如果追认权人作出追认意思表示，合同就有效，如果拒绝追认，合同无效。

效力待定合同主要包括以下两类：

1. 限制民事行为能力人依法不能独立订立的合同

限制民事行为能力人，是指 8 周岁以上不满 18 周岁的未成年人和不能完全辨认自己行为的成年人。

限制民事行为能力人要想实施法律行为，可以由其法定代理人代理，也可以在实施行为前经过法定代理人同意，否则其行为将处于效力待定状态。

但法律也不是完全否定限制民事行为能力人的行为能力，所以限制民事行为能力人也可以独立实施一些纯获利益的合同行为，另外，也可以从事一些与其年龄、智力、精神健康状况相适应的合同行为。

限制民事行为能力人不能独立实施的合同，属于效力待定的合同。只有实施后经法定代理人事后予以追认，合同才能有效。

为尽快使效力未定的合同效力予以确定，法律赋予了合同相对人催告权，允许相对人在合理的期限内催告限制民事行为能力人的法定代理人对合同行为予以追认，但如果法定代理人未作追认，视为拒绝追认。

同时，法律为保护善意相对人的利益，允许善意相对人在合同行为被追认前享有撤销合同行为的权利，但其必须在合同被追认之前行使该项权利。善意相对人行使撤销权时，应当以通知的方式作出。

【法条链接】限制民事行为能力人实施的民事法律行为的效力问题

《民法典》第145条 限制民事行为能力人实施的纯获利益的民事法律行为或者与其年龄、智力、精神健康状况相适应的民事法律行为有效；实施的其他民事法律行为经法定代理人同意或者追认后有效。

2. 基于狭义无权代理订立的合同[1]

狭义的无权代理，是指除了表见代理以外的欠缺代理权的代理，包括行为人没有代理权、超越代理权或者代理权终止后仍然实施的代理行为。狭义的无权代理人以被代理人的名义与他人订立的合同，是一种效力待定的合同。

【法条链接】狭义无权代理实施的效力问题

《民法典》第171条 行为人没有代理权、超越代理权或者代理权终止后，仍然实施代理行为，未经被代理人追认的，对被代理人不发生效力。

相对人可以催告被代理人自收到通知之日起三十日内予以追认。被代理人未作表示的，视为拒绝追认。行为人实施的行为被追认前，善意相对人有撤销的权利。撤销应当以通知的方式作出。

行为人实施的行为未被追认的，善意相对人有权请求行为人履行债务或者就其受到的损害请求行为人赔偿。但是，赔偿的范围不得超过被代理人追认时相对人所能获得的利益。

相对人知道或者应当知道行为人无权代理的，相对人和行为人按照各自的过错承担责任。

【法条链接】无权代理的追认效力

《民法典》第503条 无权代理人以被代理人的名义订立合同，被代理人已经开始履行合同义务或者接受相对人履行的，视为对合同的追认。

---

1 王利明，杨立新，王轶，等.民法学：下［M］.北京：法律出版社，2020：648.

（二）效力待定合同追认权的行使

1. 追认的意思表示的方式问题

追认属于单方意思表示，无需相对人的同意即可发生效力。追认权人需要向相对人作出意思表示，并且应当以明示或者默示的方式作出。

2. 追认权的行使时间问题

追认权在性质上属于形成权，应该受到除斥期间的限制，所以追认权应当在合理期限内行使。比如根据《民法典》第 145 条第 2 款的规定，限制民事行为能力人实施了民事行为，相对人有权催告法定代理人自收到通知之日起 30 日内予以追认。

三、边学边练

表 3.3.1 "判断合同的效力待定状态"学生行动表现评价和反思表

典型工作环节名称	具体任务	学生行动表现评价（自评 ×30%+ 互评 ×30%+ 老师评价 ×40%）				学生行动表现反思	
		自评得分	互评得分	教师评价得分	小计得分	学生反思	教师点评
判断合同的效力待定状态	1. 举例说明效力待定合同的种类（30分）						
	2. 确定效力待定合同的效力状态的方法（30分）						
	3. 明确效力待定合同追认权的行使（40分）						
签字		自评人签字：		互评人签字：		教师签字：	
最终得分						—	
累计得分						—	
对自己未来行动表现有何期待							

四、巩固练习

举例说明效力待定合同的几种情形。

典型工作环节四 确定合同无效的类型

一、具体任务

（一）认定无民事行为能力人的范围

1. 不满 8 周岁的未成年人

不满 8 周岁不包括 8 周岁本数。

2. 不能辨认自己行为的成年人

（二）理解公序良俗的外延和内涵

公序良俗原则是《民法典》将社会主义核心价值观法律化的重要表现。尊重和维护"公序良俗"，是社会主义市场经济健康发展的方向和路径。在民事活动中尊重公序良俗、弘扬社会主义核心价值观、维护社会公共利益，是每一位公民从事民事行为必须遵循的准则。

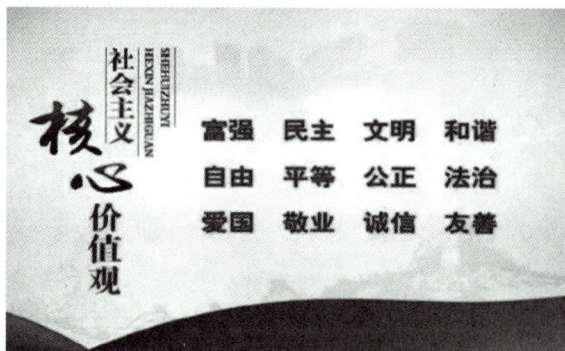

图 3.4.1 社会主义核心价值观

（三）总结无效合同的法定类型

（四）识别常用的民法强制性规定（表 3.4.1 列举了《民法典》中与合同相关的强制性规定的条款）

表 3.4.1 《民法典》中与合同相关的强制性规定示例

《民法典》条目	《民法典》具体规定
第 111 条	自然人的个人信息受法律保护。任何组织或者个人需要获取他人个人信息的，应当依法取得并确保信息安全，不得非法收集、使用、加工、传输他人个人信息，不得非法买卖、提供或者公开他人个人信息。
第 132 条	民事主体不得滥用民事权利损害国家利益、社会公共利益或者他人合法权益。
第 680 条第 1 款	禁止高利放贷，借款的利率不得违反国家有关规定。

二、学习资料

无效合同是相对于有效合同而言的，它是最典型的违反生效要件的合同。

（一）无效合同的概念

无效合同，是指虽然已经成立，但因其在内容上违反了法律、行政法规的强制性规定和公序良俗而自始确定的无法律效力的合同。

（二）无效合同的特征

1.合同已经成立

当事人就合同的主要条款达成合意便已成立合同，但合同生效则还要符合国家意志。

2.合同具有违法性

这就意味着：第一，无效合同必须是违反了法律和行政法规的强制性规定。也就是说应当以法律和行政法规的规定作为判断合同无效的依据。第二，所谓违法，是指违反了法律和行政法规的强制性规定，而并非指违反了法律和行政法规的任意性规定。第三，从广义上理解，违法性还包括合同的内容违反了公序良俗。合同在内容上违反法律的强制性规定，必然带来无效的法律后果，表明了国家对此类事项的否定性评价。

3.应受国家干预性

对无效合同的国家干预主要体现在：由法院和仲裁机构依职权主动审查合同的效力，如发现合同属于无效合同，便应主动确认合同无效。

4.属于自始无效的合同

合同一旦被确认无效，就将产生溯及力，追溯自合同订立时起就不具有法律效力。

（三）《民法典》规定的无效合同的 5 种情形

表 3.4.2　《民法典》规定的无效合同的 5 种情形

1.无民事行为能力人实施的民事法律行为无效。
2.行为人与相对人以虚假的意思表示（通谋虚伪意思表示）实施的民事法律行为无效。
3.违反法律、行政法规的强制性规定的民事法律行为无效。
4.违背公序良俗的民事法律行为无效。
5.行为人与相对人恶意串通，损害他人合法权益的民事法律行为无效。

【法条链接】无民事行为能力的未成年人

《民法典》第 20 条　不满八周岁的未成年人为无民事行为能力人，由其法定代理人代理实施民事法律行为。

【法条链接】民事法律行为无效

《民法典》第 144 条　无民事行为能力人实施的民事法律行为无效。

《民法典》第 146 条第 1 款　行为人与相对人以虚假的意思表示实施的民事法律行为无效。

《民法典》第 153 条第 1 款　违反法律、行政法规的强制性规定的民事法律行为无效。但是，该强制性规定不导致该民事法律行为无效的除外。

《民法典》第 153 条第 2 款　违背公序良俗的民事法律行为无效。

《民法典》第 154 条　行为人与相对人恶意串通，损害他人合法权益的民事法律行为无效。

①无民事行为能力人包括：一是不满 8 周岁的未成年人。《民法典》第 20 条规定："不满八周岁的未成年人为无民事行为能力人，由其法定代理人代理实施民事法律行为。"二是不能辨认自己行为的成年人。根据《民法典》第 24 条的规定，不能辨认自己行为的成年人，其利害关系人或者有关组织，可以向人民法院申请认定该成年人为无民事行为能力人但是因生理性醉酒导致不能辨认自己行为的，不属于无民事行为能力人。

②以虚假的意思表示隐藏的民事法律行为的效力，依照有关法律规定处理。

③违背公序良俗的民事法律行为无效。

④行为人与相对人恶意串通，损害他人合法权益的民事法律行为无效。

三、边学边练

表 3.4.3 "确定合同无效的情形"学生行动表现评价和反思表

典型工作环节名称	具体任务	学生行动表现评价（自评 ×30%+ 互评 ×30%+ 老师评价 ×40%）				学生行动表现反思	
		自评得分	互评得分	教师评价得分	小计得分	学生反思	教师点评
确定合同无效的情形	1.认定无民事行为能力人的范围（20分）						
	2.掌握公序良俗的基本外延和内涵（30分）						
	3.总结合同无效的法定类型（20分）						
	4.识别常用的民法强制性规定（30分）						
签字		自评人签字：		互评人签字：		教师签字：	
最终得分						—	
累计得分						—	
对自己未来行动表现有何期待							

四、巩固训练

张某与王某系夫妻关系，婚后共同购买一处房产，登记在王某一人名下。后未经张某同意，王某与善意的李某签订《房屋买卖合同》，并将房产过户登记给李某。《城市房地产管理法》第38条规定，共有房地产，未经其他共有人书面同意的，不得转让。现张某依照该法规定主张《房屋买卖合同》无效符合法律规定吗？

该《房屋买卖合同》应认定为有效。《城市房地产管理法》第38条并没有体现行政管理的立法目的，而是通过法律明确一定情况下某些特定标的物禁止或限制转让，实则为赋权性规定。赋权性规定不影响合同效力，其法律后果应根据《民法典》第597条"因出卖人未取得处分权使标的物所有权不能转移的，买受人可以解除合同并请求出卖人承担违约责任"进行处理。

典型工作环节五 判断合同未生效的效力状态

一、具体任务

（一）掌握两种主要的未生效的合同

1. 附生效条件、附生效期限的合同

2. 须经审批的合同的种类

表 3.5.1 须经审批的合同的种类

探矿权
采矿权转让合同
国有土地使用权转让
抵押合同
国有企业的合并合同

（二）签订附生效条件的合同
（三）签订附延缓期限的合同
（四）熟悉必须经过审批的合同的种类

二、学习资料

根据《民法典》第 502 条第 1 款的规定，依法成立的合同，自成立时生效，但是法律另有规定或者当事人另有约定的除外。可见未生效的合同就是指已经成立但尚未生效的合同。

合同一旦成立，即在当事人之间产生拘束力，未经当事人同意和依照法律规定，任何一方都不得擅自更改或解除合同；但因为欠缺合同的生效要件，当事人也不得请求对方履行合同的主要义务。

（一）未生效合同的特征

1. 合同成立与合同生效的区别

具体而言，合同成立与合同生效的区别主要在于：

第一，合同关系所属的阶段不同。合同的成立表明了当事人就其意思表示达成合意，是其自主自愿地实施了一定的法律行为；而合同的生效则表明合同行为对当事人产生了实质性的法律拘束力，体现了法律对当事人的意思表示是否符合国家意志或社会利益作出了相应的评价或干预。

第二，反映的内容不同。合同成立要件包括当事人、当事人作出意思表示以及就其意思表示达成一致，解决的是合同是否存在的事实问题，是对合同的事实判断。而合同生效需要当事人具备相应的行为能力、意思表示真实、合同行为不违反法律、行政法规的强制性规定或不违背公序良俗。

第三，时间上有差异。从逻辑体系来看，合同的成立和合同的生效处于不同的阶段，先有合同的成立才能谈到合同的生效。判断合同是否生效前，首先得考察合同是否成立。合同即使已经成立，但是否有效需进一步判断是否符合法律规定的生效条件。

2. 未生效合同与无效合同的区别

未生效合同与无效合同明显不同。未生效合同，是指合同已经成立，但是由于当事人另有约定或者法律另有规定，阻碍合同的生效，合同一时不能生效，待特定的事实或行为符合当事人约定或者符合法律规定时，合同就会生效；但无效合同由于具有违法性和不得履行性，属于自始无效，一般来说自合同成立之时就不能发生当事人所追求的法律效力。

（二）成立未生效合同的种类

1. 附生效条件、附生效期限的合同

附生效条件的合同是指当事人在合同中约定了合同的生效条件，但该条件尚未生效。《民法典》第 158 条规定，民事法律行为可以附条件，但是根据其性质不得附条件的除外。附生效条件的民事法律行为，自条件成就时生效。例如某合同约定，合同需要经过双方的股东会决议通过时才能生效。

附生效期限的合同。当事人约定了合同生效的期限，但该生效期限尚未到来。《民法典》第 160 条规定，民事法律行为可以附期限，但是根据其性质不得附期限的除外。附生效期限的民事法律行为，自期限届至时生效。例如某合同约定，合同在今年国庆节到来之日生效。

2. 须经审批的合同

根据法律规定属于须经批准才生效的合同，尚未得到审批机关的批准。例如根据国务院的行政法规《探矿权采矿权转让管理办法》第 10 条的规定，审批管理机关批准当事人转让探矿权、采矿权的转让合同的，转让合同自批准之日起生效。

【法条链接】合同生效时间

《民法典》第 502 条　依法成立的合同，自成立时生效，但是法律另有规定或者当事人另有约定的除外。

依照法律、行政法规的规定，合同应当办理批准等手续的，依照其规定。未办理批准等手续影响合同生效的，不影响合同中履行报批等义务条款以及相关条款的效力。应当办理申请批准等手续的当事人未履行义务的，对方可以请求其承担违反该义务的责任。

依照法律、行政法规的规定，合同的变更、转让、解除等情形应当办理批准等手续的，适用前款规定。

三、边学边练

表 3.5.2 "判断合同未生效的效力状态"学生行动表现评价和反思表

| 典型工作环节名称 | 具体任务 | 学生行动表现评价（自评×30%+ 互评×30%+ 老师评价×40%） | | | | 学生行动表现反思 | |
		自评得分	互评得分	教师评价得分	小计得分	学生反思	教师点评
判断合同未生效的效力状态	1.掌握两种主要的未生效的合同（20分）						
	2.签订附生效条件的合同（30分）						
	3.签订附始期的合同（25分）						
	4.熟悉必须经过审批的合同种类（25分）						
签字		自评人签字：			互评人签字：		教师签字：
最终得分						—	
累计得分						—	
对自己未来行动表现有何期待							

四、巩固练习

总结未生效合同与无效合同均不发生法律效力，两者之间的区别。

未生效合同与无效合同的责任依据不同：

未生效合同作为已依法成立的合同，对当事人具有约束力，并受法律保护，其欠缺的是合同的程序要件，体现的主要是国家对合同不能生效时当事人权益的平衡和保护。

无效合同自始没有约束力，体现的是国家对内容违法或违反公共利益合同的否定，强调的是对违法民事行为的制裁。

在责任形式上，未生效合同主要处理合同当事人之间财产利益的弥补和相关损失的分担，一般不对当事人实施制裁，而且允许当事人通过补正而使合同生效，从而获取合同约定的权益；而合同无效的后果是返还财产和赔偿损失。

项目四
遵守合同履行规则

典型工作环节一　掌握合同履行的基本原则

合同签订成立后，就开始合同的履行。合同的履行，是指合同债务人按照合同约定或法律的规定，全面地、适当地履行自己所承担的义务。

一、具体任务
（一）全面履行合同

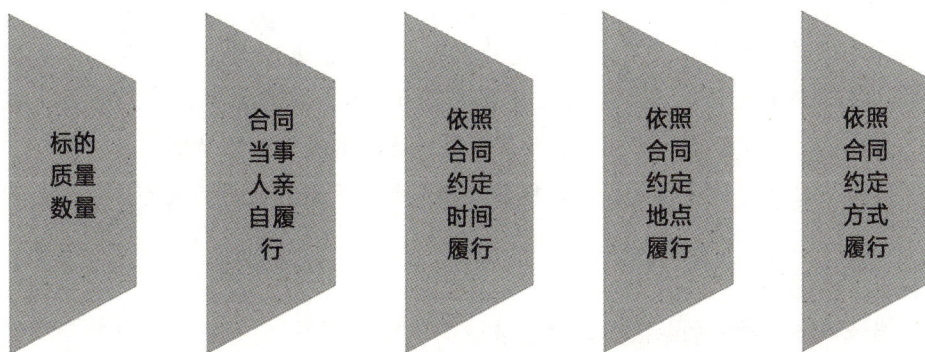

图 4.1.1　全面履行合同的要求

1. 按照合同约定履行

甲超市与生产美好牌面包糕点的乙公司签订合同，甲方向乙方订购美好牌全麦无糖面包 30 个，每个独立包装 120 克；美好牌蛋糕 20 个，每个独立包装 100 克，并于当日 19：00 在甲的公司门口当面交付。

上述合同中，甲方乙方是合同履行的主体，30 个全麦无糖面包、20 个蛋糕是合同履行的标的，当日 19：00 是合同履行的时间，甲的公司门口是合同履行的地点，当面交付则是合同履行的方式。若不符合其中一项约定内容，都不属于全面履行了合同的约定。

如果乙方于当日 19：00 在甲的公司门口当面向甲交付了 30 个普通面包、15 个蛋糕，说明乙方没有遵守合同约定，没有全面履行合同。

2. 无正当理由不得变更和解除合同

某网络书店推出"好书好礼 72 小时抢购"活动，王某于活动开始后下单购买书籍两本，某网络书店向王某发出收到订单并确认合同成立的通知，但此后却以价格标注错误为由，拒绝交付书籍，于是王某诉至法院，要求某网络书店履行交货义务。某网络书店称因工作人员失误，标注的价格低于成本价，属于价格错误，合同构成重大误解应被予以撤销，并就此提起反诉。法院审理认为王某要求某网络书店继续履行合同，于法有据。[1] 本案告诉我们，经营者无正当理由，不得拒绝履行合同。

（二）诚信履行合同

1. 履行告知债权人使用方法、重要事项的义务
2. 履行为债务人提供必要协助的义务
3. 履行对商业秘密或其他应当保密的信息的保密义务
4. 结合交易习惯根据具体情况履行附随义务

履行通知、协助、保密等义务，这些附随义务是根据法律的原则性规定产生的义务，该义务是否会产生以及义务的具体情况，应根据合同的性质、目的和交易习惯，以及履行过程中发生的具体情况来判断。

【实务启示】旅游合同中的附随义务

游客甲在旅游中手机没有电了，这时家里出现了紧急情况需要联系甲并要求他马上回去，其家属打电话联系到旅游经营者一方的导游，而游客甲正在五千米以外的高山上。此时，旅游经营者就有义务将该消息及时告诉游客甲并协助甲及时返回；但是，如果甲没有这样一个特殊情况，旅游经营者相应就没有这样的附随义务。

（三）绿色履行合同

1. 当事人不得对标的物进行过度包装
2. 消费者应当避免选购过度包装的商品

在购买食品及化妆品类商品时，根据互联网普及的方法，消费者一般可以通过"一看、二问、三算"，简单判断商品是否属于过度包装。[2]

"一看"，就是要看商品的外包装是否为豪华包装，包装材料是否属于昂贵的材质。

"二问"，就是在不拆开包装的情况下，问清包装层数，判断粮食及其加工品的包装是否超过了三层，其他类食品及化妆品包装是否超过了四层。

"三算"，就是要测量或估算外包装的体积，并与允许的最大外包装体积进行对比，看是否超标。

以上三个方面，只要达到任何一项，就可以初步判定为不符合标准要求。

1 曹明哲.网购遭遇"憋屈"？法官支招赶快 get［N］.人民法院报，2019-07-02（6）.
2 徐风.限制商品过度包装新版国标发布［EB/OL］.（2021-09-03）［2022-01-01］.光明网.

3.当事人不得以有毒有害物质对标的物进行包装

二、学习资料

（一）全面履行原则

全面履行原则，又称正确履行原则或者适当履行原则，是指当事人按照法律规定或者合同约定的标的以及其质量、数量，由适当的主体在适当的履行期限、履行地点，以适当方式，全面完成债务的履行原则。

> **【法条链接】全面履行原则**
>
> 《民法典》第509条第1款　当事人应当按照约定全面履行自己的义务。

（二）诚信履行原则

诚信履行原则，是指当事人不仅应当适当履行自己的债务，而且应基于诚实信用原则的要求，在必要的限度内，协助对方当事人履行债务。

当事人应当遵循诚信原则，秉持诚实，恪守承诺，而不应当任意妄为，随意毁约。例如，根据《民法典》第501条的规定，当事人在订立合同过程中知悉的商业秘密，无论合同是否成立，都不得泄露或不正当地使用。保密在这里主要是指保守个人信息、商业秘密等。所谓商业秘密，是指不为公众所知悉、具有商业价值并经权利人采取相应保密措施的技术信息、经营信息等商业信息。

> **【法条链接】履行保密义务**
>
> 《民法典》第501条　当事人在订立合同过程中知悉的商业秘密或者其他应当保密的信息，无论合同是否成立，不得泄露或者不正当地使用；泄露、不正当地使用该商业秘密或者信息，造成对方损失的，应当承担赔偿责任。

《民法典》第509条第2款是诚信原则在合同履行中的具体体现。根据《民法典》第509条第2款的规定，当事人应当遵循诚实信用原则，根据合同的性质、目的和交易习惯履行通知、协助、保密等义务。这些义务被称为附随义务，意指不是由当事人在合同中明确约定的义务，而是根据诚实信用原则产生的法定义务。

《民法典》规定的附随义务包括：[1]

①通知义务，是指当事人在履行合同中应当将有关重要的事项、情况告诉对方，例如，一方因客观情况必须变更合同或者因不可抗力致使合同不能履行时，都应当及

1　徐州中院民一庭.徐州法院民一条线热点法条指引之（39）——合同履行原则［EB/OL］.（2021-01-10）［2022-01-01］.
徐州审判微信公众号.

时通知对方当事人。

②协助义务，是指当事人在履行合同过程中要互相合作，像对待自己的事务一样对待对方的事务，不仅要严格履行自己的合同义务，而且要配合对方履行义务。

③保密义务，是指当事人在履行合同过程中对属于对方当事人的商业秘密或者对方当事人要求保密的信息、事项不能向外界泄露。

④其他附随义务，《民法典》第509第2款的列举未穷尽全部的附随义务，故以"等"字表示仍有其他的附随义务。例如客运合同中，承运人应当向旅客及时告知有关不能正常运输的重要事由和安全运输应当注意的事项，履行告知义务、说明义务，即为其他附随义务。

【法条链接】履行通知、协助、保密等义务

《民法典》第509条第2款　当事人应当遵循诚实信用原则，根据合同的性质、目的和交易习惯履行通知、协助、保密等义务。

【案例速递】旅店经营者对消费者财产安全负有的附随义务的范围[1]

旅店经营者对消费者财产安全负有安全保障的附随义务，请问这项附随义务的范围包括什么呢？

该义务范围应限定在经营者提供服务的经营场所内或受其控制的相关领域。消费者将车辆停放到城市道路附属的无划线停车位的人行道，在未经合同对车辆财产安全特别约定的情况下，无权要求经营者对车辆安全负责。经营者没有明确告知消费者其没有专用停车场所，且其明知停车行为而没有提醒将车辆停放到安全的停车场所的，属于没有全面履行安全保障附随义务，车辆丢失的，应根据过失程度承担相应责任。

（三）绿色履行原则

绿色履行原则，是指当事人履行合同时讲求经济效益，付出最小的成本，取得最佳利益。这一规则顺应了节约资源和保护环境的现实需要，符合现代立法的发展趋势，明确了合同履行中应保护环境、生态和避免浪费资源。

《民法典》第509条第3款首次以立法的方式，对合同当事人的环境保护义务进行规定。第一，应当节约资源，避免资源浪费。第二，不得污染环境和破坏生态。比如当事人在履行交付标的物的合同义务时，除了对标的物包装有特别要求的情形以外，标的物的包装应当以保护标的物在运送中不致损害为必要。当事人不得对标的物进行

1　徐州中院民一庭.徐州法院民一条线热点法条指引之（39）——合同履行原则［EB/OL］.（2021-01-10）［2022-01-01］.徐州审判微信公众号.

过度包装，也不得以有毒有害物质对标的物进行包装。该条规定属于法定义务，即使当事人之间没有对这一义务进行约定，当事人也同样负有此种法定义务。虽然当事人违反此种义务并不必然产生违约责任，却可能导致其他责任的产生。此外，《民法典》第 625 条还规定了卖方承担的回收义务。这些都是《民法典》中的绿色原则在买卖合同中的具体体现。

【法条链接】绿色原则在买卖合同中的体现

《民法典》第 509 条第 3 款　当事人在履行合同过程中，应当避免浪费资源、污染环境和破坏生态。

《民法典》第 625 条　依照法律、行政法规的规定或者按照当事人的约定，标的物在有效使用年限届满后应予回收的，出卖人负有自行或者委托第三人对标的物予以回收的义务。

2020 年 9 月 1 日实施的《中华人民共和国固体废物污染环境防治法》首次明确了限制商品过度包装的义务性规定，为民法典绿色原则做好了制度上的铺垫。

【法条链接】促进绿色包装

《中华人民共和国固体废物污染环境防治法》第 68 条　产品和包装物的设计、制造，应当遵守国家有关清洁生产的规定。国务院标准化主管部门应当根据国家经济和技术条件、固体废物污染环境防治状况以及产品的技术要求，组织制定有关标准，防止过度包装造成环境污染。

生产经营者应当遵守限制商品过度包装的强制性标准，避免过度包装。县级以上地方人民政府市场监督管理部门和有关部门应当按照各自职责，加强对过度包装的监督管理。

生产、销售、进口依法被列入强制回收目录的产品和包装物的企业，应当按照国家有关规定对该产品和包装物进行回收。

电子商务、快递、外卖等行业应当优先采用可重复使用、易回收利用的包装物，优化物品包装，减少包装物的使用，并积极回收利用包装物。县级以上地方人民政府商务、邮政等主管部门应当加强监督管理。

国家鼓励和引导消费者使用绿色包装和减量包装。

【案例速递】[1]

某景区管理在建设景区内植物园、欢乐园等项目，该项目为重点生态环境工程。但在项目建设过程中，管委会未经批准办理相关手续，改变了部分林地用途。被群众

发现后，举报给中华环保联合会，该会起诉管委会，要求停止施工，承担民事责任。可以得到法院支持吗？

> 法院支持了群众的诉讼请求。绿色原则要求体现了节约资源、保护生态环境的立法目的，促进人与自然的和谐发展。绿色原则在行使物权、债权、知识产权等财产权利时，充分发挥物的效能，防止和避免资源被滥用和环境污染，体现了民法典的立法目的。

三、边学边练

表 4.1.1 "掌握合同履行的基本原则"学生行动表现评价和反思表

典型工作环节名称	具体任务	学生行动表现评价（自评×30%+互评×30%+老师评价×40%）				学生行动表现反思	
		自评得分	互评得分	教师评价得分	小计得分	学生反思	教师点评
掌握合同履行的基本原则	1. 按照合同约定履行（15分）						
	2. 无正当理由不得变更和解除合同（15分）						
	3. 履行告知债权人使用方法、重要事项的义务（15分）						
	4. 履行为债务人提供必要协助的义务（20分）						
	5. 履行保密义务（20分）						
	6. 不得对标的物进行过度包装（10分）						
	7. 不得以有毒有害物质对标的物进行包装（5分）						
签字		自评人签字：			互评人签字：		教师签字：
最终得分						—	
累计得分						—	
对自己未来行动表现有何期待							

四、巩固训练

一朵云科技公司与欧阳某宏洽谈技术开发合同，由科技公司提供相应的技术，因该技术属于公司的商业秘密，故在协商之前公司就明确告知欧阳某宏，并要求其不得将所知悉的商业秘密技术泄露出去。后因开发报酬的问题没有达成一致，最终双方未能合作，合同没有成立。那么，欧阳某宏可以将其所掌握的技术自用吗？还需保守科技公司的商业秘密吗？

解析要点
欧阳某宏与某科技公司虽然合同报酬没协商好，合同不能成立，但并不意味着他就可以任意泄漏或使用所知悉的商业秘密。如果欧阳某宏泄漏或不正当地使用了该商业秘密，给该科技公司造成损失的，应当承担损害赔偿责任。

典型工作环节二　填补合同漏洞

一、具体任务

（一）达成补充协议后履行

甲与乙口头约定，甲向乙购买 12 瓶农夫山泉矿泉水、5 瓶青岛啤酒，并未约定交易地点和交易时间。但是此合同中标的和数量已经明确，没有约定交货地点和交货时间，买卖合同因具备合同成立的必备条款这一要求已经成立。在合同履行过程中，甲与乙可另行协商交货地点及交货时间。

（二）明确交易习惯的存在并依之履行

下列情形，不违反法律、行政法规强制性规定的，人民法院可以认定为"交易习惯"。

表 4.2.1　交易习惯的类型

种　类	交易习惯
1.地区习惯	在交易行为当地通常采用并为交易对方订立合同时所知道或者应当知道的做法
2.行业惯例	某一领域、某一行业通常采用并为交易对方订立合同时所知道或者应当知道的做法
3.习惯做法	当事人双方经常使用的习惯做法

【实务启示】微信平台购物习惯做法

微信朋友圈里面经常有微商发布广告。如果一位朋友对其中的商品或服务感兴趣，就会通过微信与微商联系，发出其愿意购买这种商品或者服务的要约。但是微信里发出要约并没有法律进行直接规定，也无行业规制，而这种要约的形式随着微信的普及被广泛采用，可以被认为是伴随微商平台兴起的一种交易习惯。

（三）按照《民法典》第 511 条的规定履行

【实务启示】

在当事人有特别约定的情况下，原则上应当依据当事人的约定；在当事人没有特别约定又不能根据合同相关条款和交易习惯来确定当事人的意图的情况下，则应当适用《民法典》第 511 条的规定来补充当事人的意思。

二、学习资料

合同的当事人、标的和数量是必备条款，其他条款属于非必备条款。当事人就合同的必备条款达成合意即合同成立，其他事项没有约定或者约定不明确的，并不影响合同成立。在出现合同漏洞的情况下，应当依法填补合同漏洞。

（一）当事人达成补充协议

合同是双方主体自愿签订的协议，秉持平等、自愿的交易原则，合同的内容应当由当事人自由约定。合同的条款约定不明确的情况下，首先应当由当事人自行协商，通过达成补充协议来填补合同漏洞。同时，通过当事人达成协议来解决当事人之间的争议最富有效率。

【法条链接】合同条款补充和确定方法

《民法典》第 510 条　合同生效后，当事人就质量、价款或者报酬、履行地点等内容没有约定或者约定不明确的，可以协议补充；不能达成补充协议的，按照合同相关条款或者交易习惯确定。

（二）按照交易习惯履行

交易习惯是填补合同漏洞的常用方法。所谓交易习惯，是指在当时、当地或者某一行业、某一类交易关系中，为人们所普遍采纳的、且不违反公序良俗的习惯做法。[1]

1　王利明，杨立新，王轶，等.民法学：下［M］.北京：法律出版社，2020：666.

　　我国《民法典》合同编不仅将交易习惯确定为填补合同漏洞的标准，而且在各类有名合同中有大量根据交易习惯填补合同漏洞的专门规定。这表明我国《民法典》合同编极为强调以交易习惯来填补合同漏洞，从而确立了习惯解释的原则。

【法条链接】意思表示的解释

　　《民法典》第142条　有相对人的意思表示的解释，应当按照所使用的词句，结合相关条款、行为的性质和目的、习惯以及诚信原则，确定意思表示的含义。

　　无相对人的意思表示的解释，不能完全拘泥于所使用的词句，而应当结合相关条款、行为的性质和目的、习惯以及诚信原则，确定行为人的真实意思。

（三）根据民法典的规定作出解释

　　《民法典》第511条的规定，解决了在合同对履行义务约定不明确的情况下，应当如何履行义务的问题，确立了各种填补合同漏洞的规则。

【法条链接】合同条款的继续确定

　　《民法典》第511条　当事人就有关合同内容约定不明确，依据前条规定仍不能确定的，适用下列规定：

　　（一）质量要求不明确的，按照强制性国家标准履行；没有强制性国家标准的，按照推荐性国家标准履行；没有推荐性国家标准的，按照行业标准履行；没有国家标准、行业标准的，按照通常标准或者符合合同目的的特定标准履行。

　　（二）价款或者报酬不明确的，按照订立合同时履行地的市场价格履行；依法应当执行政府定价或者政府指导价的，依照规定履行。

　　（三）履行地点不明确，给付货币的，在接受货币一方所在地履行；交付不动产的，在不动产所在地履行；其他标的，在履行义务一方所在地履行。

　　（四）履行期限不明确的，债务人可以随时履行，债权人也可以随时请求履行，但是应当给对方必要的准备时间。

　　（五）履行方式不明确的，按照有利于实现合同目的的方式履行。

　　（六）履行费用的负担不明确的，由履行义务一方负担；因债权人原因增加的履行费用，由债权人负担。

三、边学边练

表 4.2.2 "填补合同漏洞"学生行动表现评价和反思

典型工作环节名称	具体任务	学生行动表现评价（自评×30%+互评×30%+老师评价×40%）				学生行动表现反思	
		自评得分	互评得分	教师评价得分	小计得分	学生反思	教师点评
填补合同漏洞	1.达成补充协议后履行（25分）						
	2.按照地域习惯来履行（15分）						
	3.按照行业惯例、业内通行做法履行（20分）						
	4.按照当事人双方经常使用的习惯做法（20分）						
	5.按照《民法典》第511条履行（20分）						
签字		自评人签字：				互评人签字：	教师签字：
最终得分						—	
累计得分						—	
对自己未来行动表现有何期待							

四、巩固训练

王小和大明是老同学，大明急需资金向王小借款 10 万元。双方口头约定利息为月息 1 分，而大明也向王小出具了一张借条，借条写明："今借到人民币 10 万元，借款期限为 1 年。利息在每月月底前支付。"但由于大明经营不善不能按时还款。王小只好将大明告上法庭，要求大明偿还借款本金 10 万元并按月利率 1% 支付利息。王小当庭提交了大明每月通过微信向其支付 1 000 元利息的收款记录。请问，两人之间的利息约定属于约定不明吗？

解析要点

在本案中，虽然大明所写的借条只有利息的支付方式，没有利息的计算标准，但是王小通过微信的转账记录证明了大明每月向其偿还 1 000 元利息的事实，印证了双方口头约定每月 1 分利息的事实。根据《民法典》的规定，双方的口头约定双方均应遵守。

典型工作环节三　交付电子合同标的

一、具体任务

（一）按照电子合同确定的要求交付标的

问：网络购物中，显示下单成功，就表示合同成立了吗？

答：是的。电商应当履行合同，尽快发货。

【实务启示】

网购下单成功就是签约，成立电子合同。

（二）确认收货人的签收时间为交付时间

问：快递员送货到小区门口，把所送的快递包裹放在小区门口的货架上，通知业主来自行翻找。如果快递丢失或者被拿错，谁应当承担责任？

答：如果购货人让快递员把快递包裹放在小区的快递存放点后，未能及时领取，当快递丢失，则分两种情况判断：如果物业与业主签署有偿保管协议，快递丢失，物业公司可能要承担责任；如果是无偿的话，物业公司能够证明自己没有故意或者重大过失，则不用承担赔偿责任。

如果快递包裹是业主指定快递员放在保安室或者收件点后丢失了，快递公司或者快递员不用承担赔偿责任；如果快递员本人擅自放置而丢失的话，快递公司或者快递员可能要承担快递未能送达的赔偿责任。

（三）判断电子合同传输的交付时间

合同标的物进入对方当事人指定的特定系统且能够检索识别的时间为交付时间。

（四）判断电子合同标的物为提供服务的交付时间

一般来说，提供服务的电子合同，生成的电子凭证或者实物凭证中载明的时间为提供服务的时间。

电子合同当事人有权约定提供服务的时间。

（五）处理电子购物的退货规则

①一般情况下，网购商品实行7天无理由退货。

②掌握不适用7天无理由退货的规定。

二、学习资料

近年来，随着网购成为一种消费习惯，围绕电子交易产生的纠纷也日益增多。网上每一笔"买买买"，实际上是一份份电子合同，要切实维护买卖双方的权益，就需要坚实的法律保障。

（一）电子合同交付的特殊规则[1]

电子合同标的的交付，是电子合同履行的重要内容。不论电子合同的标的物是交付商品还是提供服务，相对于传统实体物的交付，电子商务领域的交付存在着一定的特殊性。

首先，电子合同当事人对交付商品或者提供服务的方式、时间另有约定的，应当尊重其约定，按照其约定履行。

其次，在当事人没有约定的情况下，可以按照以下情形分别确定：

第一种情形，如交付的标的物是有体物、有形产品，并且采用快递物流方式交付的，收货人的签收时间为交付时间。

【法条链接】电子合同标的物为商品的交付时间

《民法典》第512条 通过互联网等信息网络订立的电子合同的标的为交付商品并采用快递物流方式交付的，收货人的签收时间为交付时间。电子合同的标的为提供服务的，生成的电子凭证或者实物凭证中载明的时间为提供服务时间；前述凭证没有载明时间或者载明时间与实际提供服务时间不一致的，以实际提供服务的时间为准。

电子合同的标的物为采用在线传输方式交付的，合同标的物进入对方当事人指定的特定系统且能够检索识别的时间为交付时间。

电子合同当事人对交付商品或者提供服务的方式、时间另有约定的，按照其约定。

【法条链接】电子合同标的物为商品的交付时间

《电子商务法》第52条 快递物流服务者在交付商品时，应当提示收货人当面查验；由他人代收的，应当经收货人同意。

---

[1] 刘晓巍.电子合同订立与履行时间的确定规则［EB/OL］.（2021-04-12）［2022-01-01］.北京岳成黑龙江律师事务所公众号.

因此，《民法典》第512条第1款规定的"签收时间"应理解为收货人当面查验快递物流交付商品后的签收时间。

【实务启示】

收货人一般是商品的买受方，也可以是合同约定的其他收货人。快递物流企业如果使用智能快件箱或者驿站等形式进行递送，应当以收货人打开快件箱后实际收到商品的时间为准。

第二种情形，交付的标的物为无形物时，一般可以采取两种方式进行交付：

一是借助有形存储介质，使无形标的物转化为有形物进行交付的方式。例如将歌曲、戏剧等音频存储于光盘等介质内再进行加工形成磁带、唱片等。这种有形的介质，使无形标的物不仅传播更便捷、信息容量更大，t而且完全可以适用传统合同履行的法律规定。

二是在线传输交付，随着网络服务的普及，在线传输方式已经深入寻常百姓家，大量的电子数据通过无形的网络进行交付。例如通过充值购买有偿服务，对网络提供方的信息、论文或软件进行即时下载。或者利用网络将信息发送到指定的系统、平台中，视为完成交付等。根据《民法典》第512条第2款的规定，此种采用在线传输方式交付标的物的，合同标的物进入对方当事人指定的特定系统且能够检索识别的时间为交付时间。

第三种情形，电子合同标的物为提供的服务的，如通过互联网等预订旅游、就餐、乘车、租车等服务，在双方就交付时间没有约定的情况下，双方通过电子商务平台生成电子凭证或者实物凭证上载明的时间为交付时间，上述凭证中没有载明时间或者载明时间与实际提供服务的时间不一致的，以实际提供服务的时间为准。

（二）处理电子购物的退货规则

1. 网购商品实行7天无理由退货

《消费者权益保护法》第25条的规定："经营者采用网络、电视、电话、邮购等方式销售商品，消费者有权自收到商品之日起七日内退货，且无须说明理由。"部分网络交易经营者在销售页面规定不接受7天无理由退货或者缩短无理由退货的期限，属于无效规定。

2. 7天无理由退货的例外情况

根据《消费者权益保护法》第25条第1款的规定，下列商品不适用7天无理由退货：

表4.3.1 不享受7天无理由退货的商品或服务

类别	具体规定
1	消费者定作的

续表

类别	具体规定
2	鲜活易腐的
3	在线下载或者消费者拆封的音像制品、计算机软件等数字化商品
4	交付的报纸、期刊
5	其他根据商品性质并经消费者在购买时确认不宜退货的商品

【实务启示】

虽然生鲜不属于7天无理由退货的商品，《消费者权益保护法》第24条规定："经营者提供的商品或者服务不符合质量要求的，消费者可以依照国家规定、当事人约定退货，或者要求经营者履行更换、修理等义务。"当消费者收到质量不符合约定的生鲜商品时，应当留下开箱记录，及时与商家协商更换或退货。

【案例速递】

今年"双11"期间，小李熬夜蹲点终于秒杀到了一部心仪很久的手机，可是下单后店家迟迟不发货。小李与客服联系，客服表示，由于销售人员对政策理解有误，致使标错价格无法发货，希望小李能主动取消订单。小李该如何维权呢？[1]

法官支招
本案中小李下单成功，双方的电子合同已然成立，商家如果拒绝发货或私自取消订单则属于违约行为，应当承担违约责任。依据《民法典》规定，当事人一方不履行合同义务或者履行合同义务不符合约定的，应当承担继续履行、采取补救措施或者赔偿损失等违约责任；当事人一方明确表示或者以自己的行为表明不履行合同义务的，对方可以在履行期限届满前请求其承担违约责任。小李可以先与对方协商，要求对方继续履行或采取补救措施等，如果对方明确拒绝，小李可以向收货地法院提起买卖合同纠纷之诉。

---

1 陶玉琼.理性下单，诚信履约！［N］.陕西日报，2021-12-17（15）.

三、边学边练

表 4.3.2　"交付电子合同标的"学生行动表现评价和反思表

典型工作环节名称	具体任务	学生行动表现评价（自评 ×30%+ 互评 ×30%+ 老师评价 ×40%）				学生行动表现反思	
		自评得分	互评得分	教师评价得分	小计得分	学生反思	教师点评
交付电子合同标的	1. 按照电子合同确定的要求交付（15分）						
	2. 确认收货人的签收时间为交付时间（25分）						
	3. 判断收货人的方法（15分）						
	4. 熟悉电子传输的交付时间（10分）						
	5. 掌握电子合同标的物为提供服务的交付时间（15分）						
	6. 处理电子购物的退货规则（20分）						
签字		自评人签字：		互评人签字：		教师签字：	
最终得分						—	
累计得分						—	
对自己未来行动表现有何期待							

四、巩固训练

①课后坚持在网上购物时留心确定合同交付的时间提示，截图发在学习平台班级群。

②牢记电子合同交付的法定要求，并用四句话归纳总结。

典型工作环节四　行使合同抗辩权利

一、具体任务

（一）熟记抗辩权的三种类型

1. 同时履行抗辩权

2. 先履行抗辩权

3. 不安抗辩权

（二）辨析抗辩权行使的效果

行使履行抗辩权的直接后果是权利人有权拒绝履行合同，而这种拒绝履行不构成违约。但是，履行抗辩权具有暂时性，它只是延缓了权利人履行合同的义务，而不免除该义务。

（三）掌握同时履行抗辩权的行使条件

首先，双方当事人互负债务，没有先后履行顺序的，应当同时履行。

其次，对方未履行债务或未提出履行债务。

（四）掌握先履行抗辩权的构成要件

如何判断双方债务是否存在先后顺序呢？

在确定义务的先后顺序时，首先要看合同是否有明确约定，或者是否有法定的履行顺序。合同中未明示双方义务的履行顺序，但表明一方义务履行为另一方履行的条件的，即为约定的先后履行顺序。

（五）掌握不安抗辩权的适用程序

首先，先履行债务的当事人有权行使不安抗辩权，即中止履行债务。

其次，先履行债务的当事人要有确定证据证明后履行债务的当事人存在不能履行义务或者有不能履行合同义务的可能。

最后，先履行债务的当事人中止履行后，应当通知后履行的当事人。

二、学习资料

抗辩权是指在符合法定条件下，当事人一方对抗对方当事人的履行请求权，暂时拒绝履行其债务的权利。

根据义务履行的先后顺序，《民法典》将抗辩权分为同时履行抗辩权、先履行抗辩权和不安抗辩权三种类型。

（一）同时履行抗辩权

同时履行抗辩权，是指在双务合同的当事人无先后履行顺序时，一方在对方未为对待给付之前，可拒绝履行自己的债务。

1. 同时履行抗辩权的构成要件

第一，须因为"同一双务合同"互负债务。如买卖、互易、租赁、承揽、有偿委托、保险等双务合同。

第二，须双方都到了履行债务的时间。

第三，须对方未履行债务或未提出履行债务。

第四，须对方的对待给付是可能履行的。

【法条链接】同时履行抗辩权

《民法典》第525条　当事人互负债务，没有先后履行顺序的，应当同时履行。一方在对方履行之前有权拒绝其履行请求。一方在对方履行债务不符合约定时，有权拒绝其相应的履行请求。

2. 同时履行抗辩权的法律效力

在没有约定履行先后顺序的双务合同中，履行期限届满的，双方都没有履行合同义务的，双方可以就合同履行进行协商。协商不成的，合同一方可以向法院起诉。如果原告的主张得到了法院的支持，原告胜诉的判决即同时履行的判决，被告作为败诉方承担诉讼费用。

【案例速递】

刘小向摄影公司申办了7个摄影证，约定每个证按2 000元算，共计14 000元。过后刘小按指定日期前往摄影公司领取摄影证，但摄影公司告知其目前只有3个证，故刘小交纳了6 000元，并出具尚欠摄影公司8 000元的欠条。摄影公司也出具了收据，证明刘小已交付6 000元。之后，摄影公司多次向刘小催要剩余欠款8 000元，但刘小均以其尚欠自己4个摄影证为由拒绝。现摄影公司诉至法院，要求刘小支付欠款，法院是否应支持？[1]

---

[1] 许海峰.合同编第30讲：双方互负债务，履行竟然陷入僵局？［EB/OL］.（2021-10-08）［2022-01-01］.旅游法狮微信公众号.

案例评析

　　本案争议焦点为摄影公司是否有权请求刘小支付欠款。根据《民法典》规定，合同的双方当事人互负债务且没有先后履行顺序时，一方要求对方履行债务的，另一方可直接拒绝其请求；双方需同时履行义务，如履行不符合约定、部分履行或瑕疵履行的，另一方也可以此为由拒绝履行，该权利称为同时履行抗辩权。本案中，当事人双方并未约定履行顺序，摄影公司也未全面履行其合同义务，未将全部摄影证发放给刘小，刘小有权行使同时履行抗辩权，拒绝向摄影公司支付剩余欠款，故法院不应支持摄影公司的诉讼请求。

【实务启示】

为避免同时履行义务的僵局，尽量在合同中约定先后履行顺序。

（二）先履行抗辩权

先履行抗辩权，是指当事人互负债务，有先后履行顺序，先履行一方未履行之前，后履行一方有权拒绝其履行请求。先履行一方履行债务不符合约定的，后履行一方有权拒绝其相应的履行请求。

1. 先履行抗辩权的构成要件

第一，须因为"同一双务合同"互负债务。

第二，双方债务须有先后履行顺序。

第三，先履行一方未履行债务或者其履行不符合约定。

【法条链接】先履行抗辩权

《民法典》第 526 条　当事人互负债务，有先后履行顺序，应当先履行债务一方未履行的，后履行一方有权拒绝其履行请求。先履行一方履行债务不符合约定的，后履行一方有权拒绝其相应的履行请求。

2. 先履行抗辩权的法律效力

先履行抗辩权属于延期的抗辩权，暂时有权拒绝先履行义务人的履行请求。一旦对方当事人依据合同约定全面履行合同义务，那么先履行抗辩权消灭，当事人应当履行合同的义务。

（三）不安抗辩权

1. 概念

不安抗辩权是指应当先履行义务的一方当事人有确切的证据证明对方丧失或可能丧失履行债务能力的，有权中止履行合同义务。

2. 不安抗辩权的构成要件

第一，须因为"同一双务合同"互负债务。

第二，双方债务有先后履行顺序。

第三，后履行义务的当事人有丧失或可能丧失履行债务能力的情形。

《民法典》第 527 条第 1 款具体规定了当事人丧失或可能丧失履行债务能力的情形。一是经营状况严重恶化。比如某商厦积压商品大甩卖也难以销售，显示闭门关店的迹象。二是转移财产、抽逃资金，以逃避债务。三是丧失商业信誉。比如拖欠债务被列入失信黑名单。四是兜底条款，囊括其他丧失或可能丧失履行债务能力的情形。

【法条链接】不安抗辩权

《民法典》第 527 条 应当先履行债务的当事人，有确切证据证明对方有下列情形之一的，可以中止履行：（一）经营状况严重恶化；（二）转移财产、抽逃资金，以逃避债务；（三）丧失商业信誉；（四）有丧失或者可能丧失履行债务能力的其他情形。

当事人没有确切证据中止履行的，应当承担违约责任。

3. 不安抗辩权的行使

《民法典》第 528 条明确规定，当事人行使不安抗辩权的，应当及时通知对方。待对方提供适当担保的，应当恢复履行。

【法条链接】行使不安抗辩权

《民法典》第 528 条 当事人依据前条规定中止履行的，应当及时通知对方。对方提供适当担保的，应当恢复履行。中止履行后，对方在合理期限内未恢复履行能力且未提供适当担保的，视为以自己的行为表明不履行主要债务，中止履行的一方可以解除合同并可以请求对方承担违约责任。

三、边学边练

表 4.4.1　"行使合同抗辩权利"学生行动表现评价和反思表

典型工作环节名称	具体任务	学生行动表现评价（自评 ×30%+ 互评 ×30%+ 老师评价 ×40%）				学生行动表现反思	
		自评得分	互评得分	教师评价得分	小计得分	学生反思	教师点评
行使合同抗辩权利	1.熟记抗辩权的三种类型（25分）						
	2.掌握同时履行抗辩权的构成要件（25分）						
	3.掌握先履行抗辩权的构成要件（20分）						
	4.掌握不安抗辩权的适用条件（30分）						
签字		自评人签字：		互评人签字：		教师签字：	
最终得分						—	
累计得分						—	
对自己未来行动表现有何期待							

四、巩固练习

加某和李某订立一份价款为 5 万元的节能台灯买卖合同，约定加某先支付货款，李某两个月后交付台灯。加某由于资金短缺只付款 3 万元，答应余款尽快支付，但李某不同意。两个月后加某要求李某交付台灯，遭李某拒绝。下列表述正确的是（　　）。

A.李某对加某享有同时履行抗辩权

B.李某对加某享有不安抗辩权

C.李某有权拒绝交付全部台灯

D.李某有权拒绝交付与 3 万元货款相当的部分台灯

项目四　遵守合同履行规则

解析要点
1.同时履行抗辩权适用前提是同一、双务合同、无先后履行顺序，双方享有同时履行抗辩权。加某、李某互负债务，约定了履行顺序，因此李某享有的抗辩权不是同时履行抗辩权。所以，A表述错误。
2.先履行一方有确切证据证明后履行方有法定丧失资力情形时，先履行一方享有不安抗辩权。应先履行债务的是加某而不是李某，所以李某享有的抗辩权不是不安抗辩权。B表述错误。
3.后履行方享有先履行抗辩权，因此李某有权拒绝"相应"的履行要求，即李某仅有权拒绝交付与3万元货款价值相当的部分台灯而无权拒绝交付全部台灯。所以C表述错误，D正确。

85

项目五

承担违约责任

典型工作环节一　认定违约责任

一、具体任务

（一）判断违约行为的存在

违约行为主要有拒绝履行、迟延履行、不适当履行、受领迟延和债权人拒绝受领4 种形态（如图 5.1.1）。

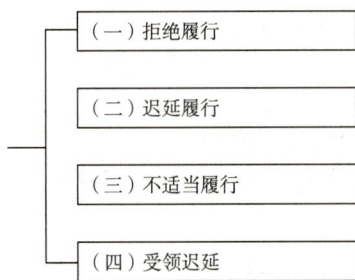

```
├── （一）拒绝履行
├── （二）迟延履行
├── （三）不适当履行
└── （四）受领迟延
```

图 5.1.1　违约行为的形态

（二）判断违约责任的存在

违约责任是因违反合同义务而产生的民事责任，违约责任的承担需要具备一定的条件。

二、学习资料

违约行为，是指合同当事人违反合同义务的行为。根据违约行为违反合同义务的性质和特点而对违约行为所作的分类，就是违约行为形态。

（一）违约行为的种类

根据《民法典》第 577 条的规定，当事人一方不履行合同义务或者履行合同义务不符合约定的，应当承担继续履行、采取补救措施或者赔偿损失等违约责任。将违约行为规定为两种基本类型：不履行合同义务和履行合同义务不符合约定。不履行合同义务又称为债务不履行；履行合同义务不符合约定又称为不完全履行。

1. 拒绝履行

在合同期限到来以后，一方当事人无正当理由拒绝履行合同规定的全部义务。《民法典》第 578 条指的就是拒绝履行的行为。

2. 迟延履行

迟延履行，又称债务人迟延，是指债务人在履行期限届满时能履行却未履行债务的情况。在迟延履行的情况下，关键问题是确定合同的履行期限。如果合同明确规定了履行期限，则应当依据合同的规定履行。如果合同没有规定履行期限，则应当依据《民法典》第 511 条第 4 项"履行期限不明确的，债务人可以随时履行，债权人也可以随时请求履行，但是应当给对方必要的准备时间"履行。必要的准备时间也就是合理的履行期限。

3. 不适当履行

不适当履行，是指债务人虽然履行了债务，交付的标的物不符合规定的质量要求，具有瑕疵给付的情形或加害给付以致给债权人造成损害的情形，或者虽然履行但履行不符合数量约定的情形。在不适当履行的情况下，如果合同对责任形式和补救方式已经作出了明确规定（如规定产品有瑕疵应当首先进行修理替换），则应当按照合同规定确定责任。如果合同没有作出明确规定或者规定不明确，受害人可以根据具体情况选择各种不同的补救方式和责任形式。

出现部分履行的情形，非违约方有权要求违约方依据合同规定的数量继续履行，交付尚未交付的货物、金钱，非违约方也有权要求违约方支付违约金。

4. 受领迟延

受领迟延，又称债权人迟延，是指债务人按照约定履行了债务或者提出了履行债务的请求，债权人无正当理由拒绝受领，或者没有为债务人履行债务提供必要的协助。

（二）违约责任的构成要件

所谓违约责任的构成要件，是指违约当事人应具备何种条件才应当承担违约责任。一般认为，成立违约责任需要满足以下条件[1]。

第一，合同义务有效存在。不以合同义务的存在为前提所产生的民事责任，不是违约责任。这使违约责任与侵权责任、缔约过失责任区分开，后两者都不以合同义务的存在为前提。

第二，债务人不履行合同义务或者履行合同义务不符合约定。

主给付义务，是指债的关系中所固有、必备，并能决定债的类型的基本义务；从给付义务，是指补助主给付义务以确保债权人利益能获得最大满足的义务；附随义务，是指根据诚信原则产生的顾及对方当事人法益和利益的义务；不真正义务，是指债权

1　王利明.民法：下［M］.8 版.北京：中国人民大学出版社，2020：185.

人的受领义务或者采取适当措施防止损害扩大的义务。

表 5.1.1　合同义务举例分析

通过京东商城购买 100 本教材	
卖方交付图书及所有权给买方	主给付义务：合同固有义务
卖方交付质保书、发票的义务	从给付义务：辅助主给付义务
卖方不得将其所获知的买方的个人信息泄露	附随义务：诚信原则的体现不泄露买方信息

第三，不存在法定或者约定的免责事由。尽管《民法典》在违约责任的归属上采取了无过错责任原则；但是依然对违约方表示了一定程度的友好，从而在鼓励交易自由和维护合法利益之间尽量保持平衡。我们看到《民法典》规定了一些免责事由，例如，《民法典》第 590 条第 1 款规定的不可抗力免责的情形。另外，合同当事人可就免责事由进行约定，当约定的免责事由发生之时，当事人并不承担违约责任。表 5.1.2 列举了常见的违约责任免责事由及其注意事项。

表 5.1.2　常见的违约责任免责事由及其注意事项

免责事由
一、属于法律规定的不可抗力
所谓不可抗力，是指不能预见、不能避免并不能克服的客观情况。不可抗力主要包括以下几种情形：
1.自然灾害，如台风、洪水、冰雹等
2.政府行为，如征收、征用
3.社会异常事件，如罢工、骚乱、战争
适用不可抗力的注意事项：
1.可直接援用法律规定的不可抗力条款
2.不适用不可抗力的情形：一是金钱债务的迟延责任不得因不可抗力而免除。二是迟延履行期间发生的不可抗力不具有免责效力
二、当事人约定的免责条款
当事人在合同中有权约定将来可能发生的某些事由作为免责的事由。但是下列事由作为免责事由是无效的：
1.排除人身伤害的法律责任
2.排除故意或重大过失的法律责任
三、第三人过错的，合同相对人不免责
《民法典》第 593 条规定，当事人一方因第三人的原因造成违约的，应当向对方承担违约责任。当事人一方和第三人之间的纠纷，依照法律规定或者按照约定解决。体现了合同的相对性原则。

（三）违约责任的承担方式

违约责任，即违反合同的民事责任，也就是合同当事人因违反合同义务所承担的责任。继续履行、采取补救措施、赔偿损失等都属于违约责任的承担方式。

【法条链接】违约责任的承担方式

《民法典》第577条　当事人一方不履行合同义务或者履行合同义务不符合约定的，应当承担继续履行、采取补救措施或者赔偿损失等违约责任。

三、边学边练

表5.1.3　"认定违约责任"学生行动表现评价和反思表

| 典型工作环节名称 | 具体任务 | 学生行动表现评价（自评×30%+互评×30%+老师评价×40%） | | | | 学生行动表现反思 | |
		自评得分	互评得分	教师评价得分	小计得分	学生反思	教师点评
认定违约责任	1.判断违约行为的存在（30分）						
	2.辨析拒绝履行和拒绝受领的区分（20分）						
	3.辨析不适当履行和不完全履行的区分（20分）						
	4.判断违约责任的产生（30分）						
签字		自评人签字：		互评人签字：		教师签字：	
最终得分						—	
累计得分						—	
对自己未来行动表现有何期待							

四、巩固练习

中山市某公司（以下简称"中山公司"）由于经营需要一直租用珠海市某公司（以

下简称"珠海公司")的一处房产。中山公司定期按照珠海公司提供的账户划转租金，珠海公司也都正常收取，合作关系很融洽。可是，珠海公司最近突然取消了原来的收款账号，中山公司多次与其联系也得不到明确的解释。中山公司的法务人员不免担心，如果这样的情况持续下去，很可能超过合同约定期限都无法支付租金，难免会让人误解是自己公司违约。根据《民法典》第570条的规定，债权人无正当理由拒绝受领，难以履行债务的，债务人可以将标的物提存。通读下列案例，请归纳本案的基本事实。

（1）该公司法务人员便来到中山市香山公证处进行咨询，看能否将租金交给公证处，以此来证明自己公司是积极履约的。

（2）公证员结合中山公司的实际情况为其制订了公证方案：

首先，由中山公司向珠海公司邮寄送达履约通知书，要求对方提供接受租金的有效方式，并告知如因其自身原因造成中山公司履约困难的，将会把租金提存到公证机构。同时，就邮寄送达行为办理保全证据公证以固定证据。其次，在珠海公司仍然无正当理由拒收租金的情况下，中山公司办理公证提存，在合同约定时限将应付租金提存到公证处专用的提存账户，就可以视为中山公司在合同约定的期限内完成了交付租金的义务。

典型工作环节二　继续履行合同义务

一、具体任务

（一）请求违约方按照约定继续履行金钱债务

表现为支付价款、报酬、租金、利息等。

（二）请求违约方按照约定继续履行非金钱债务

（三）注意合同不能继续履行的情形

比如各地限购政策对贷款买房的影响，导致合同无法继续履行的情形。

> 上海目前的贷款政策是购买首套房最高可以贷款7成，而购买二套房最高只能贷款3成，中间有几百万的差距。原本离婚后，若名下无房，曾经也未曾贷款购房，如果离婚年限不满3年而再次购房时，按照离婚前家庭的房产纳入计算，意味着首套房可秒变二套房。必然会导致准备通过足额贷款的购房人无力支付购房款，从而导致合同无法继续履行。
> 在签订房屋买卖合同时应将可能出台的楼市新调控政策带来的影响写入合同条款，避免银行贷款政策突然变化，在不能足额贷款情况下而承担违约责任。

图 5.2.1　限购政策导致住房买卖合同无法继续履行

二、学习资料

在实务中，一方当事人不履行合同或者履行合同不符合约定时，在对方当事人无奈的情况下，可以基于合同约定解除协议和让对方承担赔偿责任，但是对于解除协议于己不利的情况，也可以要求其继续履行。

继续履行，也称为实际履行，是指一方当事人不履行合同，另一方当事人有权请求违约方继续履行合同，或者请求人民法院、仲裁机构强制其履行合同。

（一）继续履行的性质

继续履行是违约方依法应当承担的民事责任，意味着对违约行为的否定性评价。继续履行与当事人依照约定和法律规定自觉履行不同，是对违约方的强制要求，体现了法律的强制力，充分说明合同应当遵守。

（二）继续履行的适用条件

1. 有违约行为的存在

2. 非违约方须在合理的期限内提出继续履行的请求

3. 依据法律和合同的性质能够履行

4. 继续履行在事实上是可能的和在经济上是合理的

（三）继续履行的类型

1. 金钱债务的实际履行

根据《民法典》第 579 的规定，金钱债务是指给付一定的货币作为内容的债务，常见的形式有支付价款、报酬、租金、利息，或者履行其他金钱债务。

【法条链接】金钱债务实际履行责任

《民法典》第 579 条　当事人一方未支付价款、报酬、租金、利息，或者不履行其他金钱债务的，对方可以请求其支付。

2. 非金钱债务的实际履行

一方怠于履行非金钱债务或者履行非金钱债务不符合约定的，例如二手房买卖一方始终不配合过户等，对方可以要求其履行。

（四）不能继续履行的情形

根据《民法典》第 580 条的规定，对于非金钱债务有下列情形之一的，不能采取继续履行的方式。

①法律上或者事实上不能履行。比如债务人已破产，这时的债务在破产法上就不能继续履行。特定的标的物遭受毁损、灭失的，实际履行已经不可能。

②债务的标的不适于强制履行。比如委托合同、合伙合同等基于人身信任关系而产生的合同，根据此类合同的性质及特点不适用强制履行。

③履行费用过高。意味着继续履行，耗费金钱，耗费时间，所获收益远远低于履行成本等。

④债权人在合理期限内未要求履行。

根据《民法典》的立法旨意，是否请求对方实际履行，决定权在非违约方。如果非违约方决定请求对方实际履行，则必须在合理期限内提出。否则，则无权请求继续履行。

【法条链接】非金钱债务实际履行责任及违约责任

《民法典》第580条　当事人一方不履行非金钱债务或者履行非金钱债务不符合约定的，对方可以请求履行，但是有下列情形之一的除外：

（一）法律上或者事实上不能履行；

（二）债务的标的不适于强制履行或者履行费用过高；

（三）债权人在合理期限内未请求履行。

有前款规定的除外情形之一，致使不能实现合同目的的，人民法院或者仲裁机构可以根据当事人的请求终止合同权利义务关系，但是不影响违约责任的承担。

三、边学边练

表 5.2.1　"继续履行合同义务"学生行动表现评价和反思

| 典型工作环节名称 | 具体任务 | 学生行动表现评价（自评×30%+互评×30%+老师评价×40%） | | | | 学生行动表现反思 | |
		自评得分	互评得分	教师评价得分	小计得分	学生反思	教师点评
继续履行合同义务	1.请求违约方按照约定继续履行金钱债务(35分)						
	2.请求违约方按照约定继续履行非金钱债务（35分）						
	3.合同不能继续履行的情形（30分）						
签字		自评人签字：			互评人签字：		教师签字：
最终得分						—	
累计得分						—	
对自己未来行动表现有何期待							

四、巩固练习

2020 年 9 月 2 日，原告章文某与被告北方某装饰公司签订装修合同书，约定将章文某位于某小区的房产交给被告装修，装修款总额 66 800 元，口头约定工期三个月。被告未能按约定期限完成施工。原告遂诉至法院要求解除合同并退还已付装修款。

要点解析
经承办法官仔细阅卷询问后，得知装修期间因被告家里有事延误了施工，实际上被告已经定做了装修所用的门窗，只是后来原告将钥匙取走，导致未能继续施工。承办法官耐心倾听当事人诉求后，向各方释法析理，最终当事人达成调解协议，同意被告继续履行装修合同，并约定被告在一个月内完成施工，如延误，每日承担总装修款千分之一的违约责任。

典型工作环节三　采取补救措施

一、具体任务

（一）协商确定修理标的物

①联系对方，确定时间告知地址上门取件。图 5.3.1 展示了常用的电话或微信联系的方式。

图 5.3.1　联系对方取件予以修理

②详细告知对方修理标的物的期限。

（二）协商确定重作标的物

（三）协商更换标的物

①联系对方，确定时间告知地址上门取件。

②联系对方，主动提交标的予以更换。

（四）退货或减价

①退货商品应当保持商品原状，不影响二次销售等。

②掌握买家退货、退款政策等。

③可能需要支付快递费用。

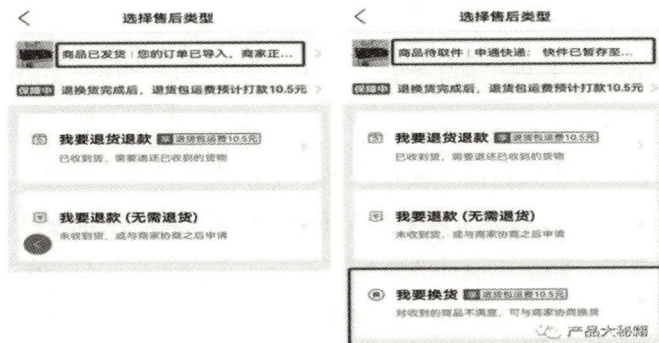

图 5.3.2　电商退货退款售后入口

（五）采取其他补救措施

二、学习资料

（一）采取补救措施的适用条件

债务人履行合同义务不符合约定的，债权人可以考虑采取一些补救措施，常见的包括请求修理、重作、更换以及退货、减少价款或者报酬。这些措施有利于补救合同履行过程中的瑕疵，尽量促成合同的履行以符合双方的期待。

（二）具体补救措施[1]

1. 履行修理、重作和更换标的物的行使要求

根据标的的性质以及损失的大小，债权人按照《民法典》第 582 条的规定，合理选择请求修理、重作、更换、退货等措施。

【法条链接】瑕疵履行违约责任

《民法典》第 582 条　履行不符合约定的，应当按照当事人的约定承担违约责任。

对违约责任没有约定或者约定不明确，依据本法第五百一十条的规定仍不能确定的，受损害方根据标的的性质以及损失的大小，可以合理选择请求对方承担修理、重作、更换、退货、减少价款或者报酬等违约责任。

2. 退货、减价

第一，退货的含义和行使要求。

修理、重作、更换不可能、不合理或者没有效果，或者债务人拒绝或在合理期间内仍不履行的，债权人可以请求退货、减少价款或者报酬。

退货是指债权人将已经获得的履行退还给债务人。退货是一种中间状态，依据具体情形，可能导致更换或重作，也可能导致合同解除。

1　王利明. 民法学：下［M］. 8 版. 北京：中国人民大学出版社，2020：193-194.

第二，减价的含义和行使要求。

减价，是减少价款或者报酬的简称，是指债权人接受了债务人的履行，但主张相应减少价款或者报酬。其目的在于通过调整价款或者报酬使合同重新恢复到均衡的等价关系。价款或者报酬未支付的，债权人可以主张减少其应支付的价款或者报酬；价款或者报酬已经支付的，债权人可以主张返还减价后多出部分的价款或者报酬。例如《民法典》第 800 条规定，勘察、设计的质量不符合要求或者未按照期限提交勘察、设计文件拖延工期，造成发包人损失的，勘察人、设计人应当继续完善勘察、设计、减收或者免收勘察、设计费并赔偿损失。

债权人主张减价，债务人对减价与否或者减价数额均认可的，按照当事人协商一致的意思表示处理；债务人对减价与否或者减价数额有异议的，可以由人民法院或者仲裁机构予以确定。

3.其他补救措施

三、边学边练

表 5.3.1 "采取补救措施"学生行动表现评价和反思表

典型工作环节名称	具体任务	学生行动表现评价 （自评 ×30%+ 互评 ×30%+ 老师评价 ×40%）				学生行动表现反思	
		自评得分	互评得分	教师评价得分	小计得分	学生反思	教师点评
采取补救措施	1.协商确定修理标的物（20分）						
	2.协商确定重做标的物（20分）						
	3.协商更换标的物（25分）						
	4.退货或减价（25分）						
	5.其他补救措施（10分）						
签字		自评人签字：		互评人签字：		教师签字：	
最终得分						—	
累计得分						—	
对自己未来行动表现有何期待							

四、巩固练习

采取换货、退货措施时卖方的态度和行为林林总总，总结至少三种情形发在课程微信群。

典型工作环节四　支付违约损害赔偿金

根据《民法典》577 条规定，当事人一方不履行合同义务或者履行合同义务不符合约定的，应当承担继续履行、采取补救措施或者赔偿损失等违约责任。其中赔偿损失是重要的违约责任承担方式。

出现违约行为造成守约方损失的，守约方有权要求违约方赔偿损失，损失赔偿遵循完全赔偿原则，同时也要受到可预见性规则、减损规则等规则的制约。

一、具体任务

（一）法定违约损害赔偿金的计算

按照完全赔偿原则，受害人的损失相当于因违约所造成的全部损失，该损失包括违约造成的可得利益损失。

（二）约定违约损害赔偿的计算和调整

守约方在主张对方违约而请求损失赔偿时，须证明损害及因果关系。为避免举证困难和纠纷，遂预先约定损害赔偿额或其计算方法，这种预定的损害赔偿额就是违约金。我国《民法典》第 585 条规定了违约金制度。

《民法典》第 585 条第 1 款规定，合同当事人可以约定违约金的数额或因违约产生的损失赔偿额的计算方法。

《民法典》第 585 条第 2 款规定，在约定的违约金低于造成的损失时，当事人可以请求予以增加；在约定的违约金过分高于造成的损失时，当事人可以请求予以适当减少。

（三）支付包括精神损害赔偿在内的损害赔偿金

民法典赋予当事人一方的违约行为，损害对方人格权并造成严重精神损害的情况下，有权获得精神损害抚慰金。图 5.4.1 中乘客下车被带倒受伤公交公司承担违约责任案，最终法庭判决被告支付违约损害赔偿金共计 52 万余元，其中酌情认定精神损害抚慰金 1.5 万元。

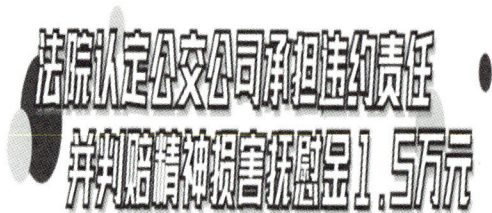

图 5.4.1　乘客下车被带倒受伤公交公司承担违约责任案

二、学习资料

违约损失赔偿，是指行为人因违反合同约定而给对方造成损失时，依据法律和合同的规定由行为人向受害人支付一定数额的金钱，用以弥补受害人的损失。违约损害赔偿包括两种，一是法定的损失赔偿，二是约定的损失赔偿。

（一）承担损失赔偿责任的特征

①损失赔偿是因债务人不履行或不完全履行合同债务所产生的责任。

②损失赔偿责任原则上仅具有补偿性而不具有惩罚性。

③损失赔偿具有一定程度的任意性。

④损失赔偿以赔偿当事人实际遭受的全部损失为原则。

（二）损失赔偿的注意事项

1. 约定损失赔偿

约定损失赔偿，又称违约金，是指当事人在订立合同时预先约定，一方违约时向对方支付一定数额的金钱。

2. 违约损害赔偿的限制

按照完全赔偿原则，违约方应向受害人赔偿因违约给对方造成的全部损失，不仅应赔偿受害人实际损失，也应当赔偿可得利益损失。

实际损失是指现实利益的损失，是因违约而导致的现有利益的减少。

可得利益是合同履行后债权人可以实现或者取得的收益，它具有以下特点：

①未来性。可得利益不是现有的利益，而是一种履行利益，是合同履行后债权人所能获得的纯利润。

②期待性，也就是可预见性。可得利益，是可以期待或可以预见的合同履行后可以获得的利益。

不管是实际损失，还是可得利益损失，都要受到可预见性规则的限制。《民法典》第 584 条中规定的"但是，不得超过违约一方订立合同时预见到或者应当预见到的因违约可能造成的损失"即为可预见性规则。该规则的具体判断标准包括以下四个方面：

第一，预见主体标准。预见主体是违约方，而不是非违约方。

第二，预见主体的"理性第三人标准"。违约方应以一个正常勤勉的理性人为标准来预见是否会因违约给他人造成损失。

第三，时间节点为"合同订立时"。判断是否会给他人造成损失的时间节点应是在合同订立时，而不是在合同违约时。

第四，预见内容。预见的内容是损失的种类或类型，而不是所造成的具体范围或数额。

③一定的现实性。这种可得利益不是臆想中的利益，它具有一定的现实性，该种利益在未来按照通常的情形是能够得到的。根据《民法典》第584条的规定，当事人一方不履行合同义务或者履行合同义务不符合约定，造成对方损失的，损失赔偿额应当相当于因违约所造成的损失，包括合同履行后可以获得的利益，但是不得超过违约一方订立合同时预见到或者应当预见到的因违约可能造成的损失。

（三）支付违约精神损害赔偿的法律依据

在过去的司法实践中，一般认为违约赔偿损失的责任不包括精神损害赔偿，如果受害方选择请求对方承担违约责任，其无法请求精神损害赔偿。很多国家都允许在责任竞合的情况下，在违约责任中允许予以精神损害的赔偿。

考虑到在违约责任和侵权责任竞合的情况下，这种精神损害的确存在，但如果仅仅允许在侵权责任中才可以请求精神损害赔偿，对受害人人格利益的保护是非常不利的。毕竟在主张违约责任的时候，在违约归责原则、举证责任等方面要比侵权责任的构成要件对当事人更有利一些。所以，我们国家也应该允许在违约责任请求中请求精神损害赔偿

因此，《民法典》第996条对损害人格权的精神损害赔偿进行了明确规定，在违约行为损害人格权并造成严重精神损害时，允许受损害方在违约责任请求中同时请求精神损害赔偿，不必通过侵权责任请求才能主张精神损害赔偿，为受害人提供了更多的救济渠道，有利于民事主体合法权益的保护。

【法条链接】损害人格权的精神损害赔偿

《民法典》第996条 因当事人一方的违约行为，损害对方人格权并造成严重精神损害，受损害方选择请求其承担违约责任的，不影响受损害方请求精神损害赔偿。

三、边学边练

表 5.4.1 "承担违约损害赔偿"学生行动表现评价和反思表

典型工作环节名称	具体任务	学生行动表现评价 （自评 ×30%+ 互评 ×30%+ 老师评价 ×40%）				学生行动表现反思	
		自评得分	互评得分	教师评价得分	小计得分	学生反思	教师点评
承担违约损害赔偿	1.约定违约损害赔偿的计算和调整（25分）						
	2.法定违约损害赔偿金的计算（50分）						
	3.支付包括精神损害赔偿在内的损害赔偿金（25分）						
	签字	自评人签字：		互评人签字：		教师签字：	
	最终得分					—	
	累计得分					—	
	对自己未来行动表现有何期待						

四、巩固练习

2019 年 11 月，林阿姨买完菜乘坐公交车回家，在北仑某基地站下车时，人还没站稳，司机就边启动车辆边关闭车门，导致林阿姨被带倒在地。后受伤昏迷的林阿姨被路人发现并报警，送医后经检查林阿姨有右额颞叶脑挫裂伤、蛛网膜下腔出血等症状。精神医学评定认为本次事故造成林阿姨器质性精神障碍，人体损伤八级伤残。康复后，林阿姨以该公交车所属公司未按约履行公路旅客运输合同为由，将其诉至北仑法院梅山法庭，要求赔偿医疗费、残疾赔偿金、精神损害抚慰金等共计 53 万余元，其中精神损害抚慰金 1.7 万元。[1] 阅读案例主要内容，思考法院应当如何作出判决。

法院经审理认为，原被告之间构成公路旅客运输合同法律关系，原告林阿姨享有消费者的地位，被告公交公司负有将原告安全送达目的地的义务。现被告公司驾驶员在林阿姨下车未站稳时，就边起步边关闭车门，导致林阿姨被带倒受伤。在乘车过程

---

1 宁波北仑法院.乘客下车时被带倒受伤，法院：公交公司承担违约责任，并赔偿精神损害抚慰金！[EB/OL].（2021-08-20）［2022-05-21］.宁波北仑法院微信公众号.

中人身受到伤害，在违约责任与侵权责任发生竞合时，原告有权选择其一进行主张，因此对原告林阿姨诉求被告公交公司赔偿其受伤损失的合理部分应予支持。

典型工作环节五　支付违约金

在有违约金责任条款的前提下，一方违约时，守约方有权要求违约方依照约定支付违约金。

一、具体任务

（一）约定违约赔偿的方式：约定违约金数额或者约定损失赔偿额的计算方法

根据《民法典》第585条第1款的规定，当事人对违约造成的损失可以进行事先约定，且有两种法定的约定方式，一种是约定违约金数额，另一种是约定赔偿额的计算方法。

（二）掌握违约金的最高限额不得超过实际损失的30%

根据《全国法院贯彻实施民法典工作会议纪要》的规定，当事人请求法院增加违约金的，增加后的违约金数额以不得超过实际损失为限。约定的违约金高于实际损失且过分的，有权请求法院或仲裁机构予以适当减少。

【实务启示】

当事人约定的违约金超过实际损失的30%的，一般可以认定为《民法典》第585条第2款规定的"过分高于造成的损失"，有权要求予以调整。

二、学习资料

违约金是指当事人在合同中约定的或者由法律直接规定的，一方违反合同时应向对方支付的一定数额的金钱。[1]

（一）违约金的特征

①违约金是由当事人协商确定的。也就是说，违约金只有通过当事人双方自愿达成一致才能成立。

②违约金是在一方违约后，违约方向另一方支付的金钱。

③违约金的支付不能代替合同的履行。

1　王利明.民法学：下［M］.8版.北京：中国人民大学出版社，2020：198.

（二）违约金的种类

1. 法定违约金

由法律直接规定的违约金为法定违约金。如中国人民银行关于逾期罚息的规定，就属于法定违约金。法定违约金一般由法律明确规定违约的情形和应当支付的违约金数额。

2. 约定违约金

由当事人约定的违约金为约定违约金。约定违约金条款是一种合同关系，称违约金合同。违约金合同是诺成合同，与定金合同不同，不以预先给付为成立要件。约定违约金主要适用于合同之债。

（三）对违约金数额的调整

1. 计算违约所造成的损失范围

因违约所造成的损失，包括合同履行后可以获得的利益，其上限不得超过违约方订立合同时可预见的损失。

【法条链接】违约损害赔偿范围

《民法典》第584条　当事人一方不履行合同义务或者履行合同义务不符合约定，造成对方损失的，损失赔偿额应当相当于因违约所造成的损失，包括合同履行后可以获得的利益；但是，不得超过违约一方订立合同时预见到或者应当预见到的因违约可能造成的损失。

2. 约定违约金数额

当事人可以约定一方违约时向对方支付一定数额的违约金，也可以约定因违约产生的损失赔偿额的计算方法。

【法条链接】违约金数额认定的方式

《民法典》第585条第1款　当事人可以约定一方违约时应当根据违约情况向对方支付一定数额的违约金，也可以约定因违约产生的损失赔偿额的计算方法。

3. 依法调整违约金

相对于因一方违约给对方造成的损失，违约金过高过低，都有机会进行调整。调整规则如下：

①约定的违约金超过"损失范围"的30%的，可认定为违约金过高。

【法条链接】违约金过高的认定

《最高人民法院关于审理商品房买卖合同纠纷案件适用法律若干问题的解释》（2020年12月23日修正）第12条 约定的违约金低于造成的损失的，人民法院或者仲裁机构可以根据当事人的请求予以增加；约定的违约金过分高于造成的损失的，人民法院或者仲裁机构可以根据当事人的请求予以适当减少。

②当事人请求人民法院增加违约金的，增加后的违约金数额以不超过《民法典》第584条规定的损失为限。增加违约金以后，当事人又请求对方赔偿损失的，人民法院不予支持。

③当事人主张约定的违约金过高请求予以适当减少的，应当承担举证责任；相对人主张违约金约定合理的，也应提供相应的证据。

【法条链接】违约金数额的调整方法

《民法典》第585条第2款 约定的违约金低于造成的损失的，人民法院或者仲裁机构可以根据当事人的请求予以增加；约定的违约金过分高于造成的损失的，人民法院或者仲裁机构可以根据当事人的请求予以适当减少。

【案例速递】约定的违约金明显过高

阿某贾将自己的房屋转卖给山大某，二人签订了房屋买卖合同，约定房屋总价款为100万元，由山大某分四期付清。为了确保合同得到履行，双方同时约定"如发生违约情形，违约方应向守约方支付总房款两倍的违约金"。这个违约金是200万元，整整高出合同标的额的1倍，明显属于违约金过高。

【实务启示】

很多人都存在这样的认识误区，认为只要在合同中明确约定了违约金条款及数额，法院就会依照合同支持他们索要违约金的诉求。实则不然。违约金过高过低，都应比照守约方受到的实际损失予以合理调整。

（四）当事人就迟延履行约定违约金的，违约方支付违约金后，还应当继续履行债务

（五）避免违约金和定金同时使用

一是定金合同中的定金。定金是指当事人可以约定一方向对方给付一定数额的定金作为担保，自实际交付定金时定金合同成立。定金的数额以实际交付的数额为准。请记住，定金的数额不得超过主合同标的额的20%，超过部分不产生定金效力。

二是定金罚则。按照定金罚则，当事人在支付定金后，给付定金一方履行债务的，定金应当抵作价款或者收回。给付定金的一方不履行债务或者履行债务不符合约定，致使不能实现合同目的的，无权请求返还定金；收受定金的一方不履行债务或者履行债务不符合约定，致使不能实现合同目的的，应当双倍返还定金。

因此，当事人既约定违约金，又约定定金的，由于定金和违约金都是合同预先约定的，在一方违约的情形下应向对方作出补偿性给付，二者均以金钱为主要给付方式，皆对合同履行起到一定的保障作用，因此守约方仅能够选择对方双倍返还定金或者要求对方支付违约金。

【法条链接】违约金与定金竞合时的责任

《民法典》第588条　当事人既约定违约金，又约定定金的，一方违约时，对方可以选择适用违约金或者定金条款。

定金不足以弥补一方违约造成的损失的，对方可以请求赔偿超过定金数额的损失。

（六）因违约导致合同解除的违约条款继续有效

《民法典》第566条第2款规定："合同因违约解除的，解除权人可以请求违约方承担违约责任，但当事人另有约定的除外。"这里的违约责任当然包括合同约定的违约金。

2021年1月1日实施的最高人民法院《关于审理买卖合同纠纷案件适用法律问题的解释》第20条规定："买卖合同因违约而解除后，守约方主张继续适用违约金条款的，人民法院应予支持；但约定的违约金过分高于造成的损失的，人民法院可以参照民法典第五百八十五条第二款的规定处理。"虽然本条是关于买卖合同的规定，但其所体现出的违约金条款在效力上不因合同解除而受影响的法理，完全可以类推适用于其他类型的合同。因此，总体而言，若合同因违约而解除，违约金条款可继续适用，但违约金过分高于因解约造成的损失的，对于超过部分，人民法院可以根据当事人的请求予以调整。

三、边学边练

表 5.5.1　"支付违约金"学生行动表现评价和反思表

典型工作环节名称	具体任务	学生行动表现评价 （自评 ×30%+ 互评 ×30%+ 老师评价 ×40%）				学生行动表现反思	
		自评得分	互评得分	教师评价得分	小计得分	学生反思	教师点评
典型环节五：支付违约金	1. 确定一方违反合同义务要求承担违约责任（25分）						
	2. 平等协商并确定违约金数额（25分）						
	3. 要求违约方按照合同规定支付违约金(25分)						
	4. 合同没有规定违约金条款的情形下按民法典规定执行（25分）						
签字		自评人签字：		互评人签字：		教师签字：	
最终得分						—	
累计得分						—	
对自己未来行动表现有何期待							

四、巩固练习

问题：违约金如何约定才是有效的？

提示：

首先，合同中应该明确约定违约行为导致的实际损失的范围和数量；

其次，确保约定违约金不会明显超过上述实际损失的30%；

最后，应当对违约金条款作出特别说明。

典型工作环节六　调解违约纠纷

有效解决违约纠纷，是提升基层依法治理能力的必然要求。鼓励合同当事人向人民调解机构申请违约纠纷的调解。

一、具体任务

（一）辨识人民调解机构的标识和机构设置

1. 识别人民调解机构的标识

人民调解机构的标识由握手、橄榄叶、汉字和拼音组成，其中图案主体部分由象征言和的握手、象征奉献的红心以及代表和平的绿色橄榄枝构成，彰显人民调解机构在化解纠纷、营造和谐社会环境中的重要职能。图5.6.1中，左侧是人民调解机构的标识。

图 5.6.1　人民调解机构的标识和机构设置

2. 知晓人民调解机构的名称

有称为人民调解委员会的，有叫作人民调解中心的，关键词是人民调解。

（二）到人民调解委员会去申请调解

每个社区、村都有人民调解委员会。当遇到违约纠纷时，公民有权向身边的人民调解委员会申请调解。

村委会、居委会依法设立人民调解委员会。

【法条链接】人民调解机构的设立

《中华人民共和国人民调解法》简称《人民调解法》。

《人民调解法》第8条　村民委员会、居民委员会设立人民调解委员会。企业事业单位根据需要设立人民调解委员会。

《人民调解法》第34条　乡镇、街道以及社会团体或者其他组织根据需要可以参照本法有关规定设立人民调解委员会，调解民间纠纷。

（三）当事人双方同意人民调解

人民调解需要纠纷各方当事人均自愿选择调解方式，有任何一方当事人不同意，就无法进入调解程序。调解委员会通过"情、理、法"相结合的方式说服、疏导，尽力促成调解。

> 【法条链接】人民调解的启动
>
> 《人民调解法》第 17 条　当事人可以向人民调解委员会申请调解；人民调解委员会也可以主动调解。当事人一方明确拒绝调解的，不得调解。

（四）履行人民调解协议

> 【法条链接】调解协议的效力
>
> 《人民调解法》第 30 条　口头调解协议自各方当事人达成协议之日起生效。
>
> 《人民调解法》第 31 条　经人民调解委员会调解达成的调解协议，具有法律约束力，当事人应当按照约定履行。
>
> 人民调解委员会应当对调解协议的履行情况进行监督，督促当事人履行约定的义务。

（五）有权选择其他的纠纷解决方式

如果调解失败，当事人有权选择其他的纠纷解决方式。调解委员会尊重公民的权利，不会阻止其依法通过仲裁、行政、司法等途径维护自己的权益。

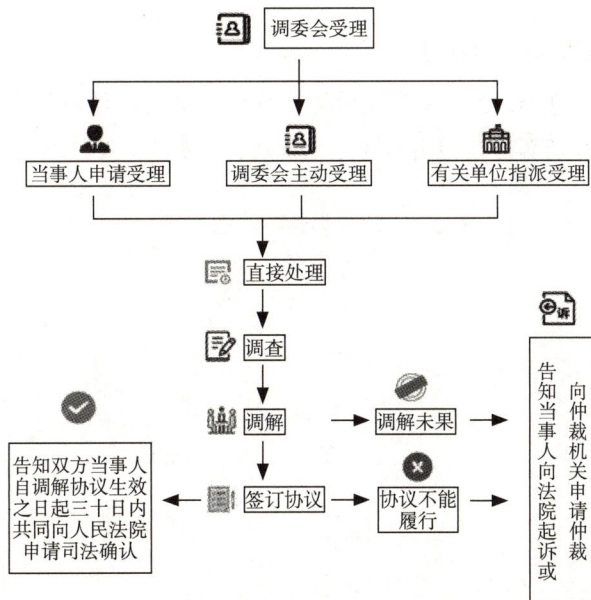

图 5.6.2　人民调解委员会违约纠纷调解流程图

二、学习资料

《人民调解法》由第十一届全国人民代表大会常务委员会第十六次会议于 2010 年 8 月 28 日通过并予公布，自 2011 年 1 月 1 日起施行。人民调解组织扎根基层，面向社区群众，提高群众对化解纠纷的意识，引导群众遇事找调解，充分发挥人民调解机构在基层化解矛盾、维护社会稳定的作用。

（一）人民调解的含义

人民调解意指矛盾纠纷当事人在人民调解委员会主持调解下，自愿达成约定，化解民间纠纷的机制。

【法条链接】人民调解

《人民调解法》第 2 条　人民调解，是指人民调解委员会通过说服、疏导等方法，促使当事人在平等协商基础上自愿达成调解协议，解决民间纠纷的活动。

（二）人民调解的特点

免费，人民调解化解民间矛盾纠纷不收取任何费用。

便民，人民调解依托村、居委会，最大程度方便群众，不出社区、村化解矛盾纠纷。

和谐，人民调解兼顾"情理法"，本着不伤和气的初衷化解矛盾纠纷。

快捷，根据矛盾纠纷类型和调解情况，可实现人民调解协议书"立等可取"。

灵活，人民调解协议既有口头协议也有书面协议，形式灵活多样。调解失败也可以提起诉讼。

【法条链接】调解不成有权起诉

《人民调解法》第 32 条　经人民调解委员会调解达成调解协议后，当事人之间就调解协议的履行或者调解协议的内容发生争议的，一方当事人可以向人民法院提起诉讼。

三、边学边练

表 5.6.1　"人民调解合同违约"学生行动表现评价和反思表

典型工作环节名称	具体任务	学生行动表现评价（自评 ×30%+ 互评 ×30%+ 老师评价 ×40%）				学生行动表现反思	
		自评得分	互评得分	教师评价得分	小计得分	学生反思	教师点评
人民调解合同违约	1. 掌握人民调解的标志和机构设置（25 分）						
	2. 当事人双方同意人民调解（25 分）						
	3. 遵守人民调解协议（25 分）						
	4. 有权选择其他的纠纷解决方式（25 分）						
签字		自评人签字：		互评人签字：		教师签字：	
最终得分						—	
累计得分						—	
对自己未来行动表现有何期待							

四、巩固练习

今年 3 月 1 日，李某将位于某小区的一套两居室租给夏某，合同约定租赁期限从 3 月 1 日到当年 12 月 1 日，月租 900 元，每月 1 日支付。如果夏某提前退租，所交 1 000 元押金不予退还。6 月下旬，李某因自身原因要提前收回房子，夏某按要求于 6 月 30 日搬出。夏某要求李某退还押金，并且支付 1 000 元提前解约违约金。双方协商未果，于近日一同到人民调解室申请调解。

双方诉求。夏某称，租房时交了 1 000 元押金，李某提前解约，按合同应该退回 1 000 元押金，并支付 1 000 元违约金。李某则认为 1 000 元押金可以退还，但租房合同中未约定李某提前解除合同要承担责任。并且夏某用胶在墙壁上粘穿衣镜等物品，破坏墙面，屋内门锁、抽屉被损坏，要求夏某赔偿 2 000 元。

调解员提出：夏某未经李某同意，损坏房内设施应承担赔偿责任。李某提前解除合同，除应退还 1 000 元外，还应向夏某支付提前解约违约金 1 000 元。通过调解员析法明理，最终达成调解协议：李某在扣除物品损失及墙面修复费用后，一次性退还夏某500 元。

项目六
到法院打违约官司

典型工作环节一　撰写民事起诉状

一、具体任务

（一）撰写民事起诉状的标题

撰写一审民事诉讼的起诉状，标题为"民事起诉状"。

【实务启示】

标题不能写成起诉书、上诉状。起诉书专指检察机关提起公诉的文书，上诉状在提起二审诉讼程序时使用。

（二）撰写民事起诉状的诉讼主体

①当事人为个人的，应当详细列举原告和被告的姓名、性别、出生日期、民族状况、住所或经常居住地及其联系方式。

图 6.1.1　当事人为个人的起诉状样本

②当事人为法人或其他组织的，准确写明名称及其住所、法定代表人或者负责人的姓名、所任职务和联系方式等。

民事起诉状

原告：×××公司，住所……。

法定代表人/主要负责人：×××，……（写明职务）。联系方式：……。

委托诉讼代理人：×××，……。

被告：×××公司，……。

（以上写明当事人和其他诉讼参加人的姓名或者名称等基本信息）

诉讼请求：

……。

事实和理由：

……。

证据和证据来源，证人姓名和住所：……。

此致

××××人民法院

具状人（公章和签名）

××××年××月××日

图 6.1.2　当事人为法人的起诉状模板

表 6.1.1　当事人为法人的起诉状样本

民事起诉状
原告：北京某某工贸有限公司，住所地：北京市东城区＊街＊号，电话：18700000000。
被告：北京某某饭庄，住所地：北京市东城区＊街＊号，电话：13400000000。 法定代表人：张某三，该饭庄经理。
案由：买卖合同纠纷
诉讼请求： 1.判令被告向原告支付货款 29 369 元； 2.本案诉讼费由被告承担。
事实与理由： 原告于 2020 年 6 月开始向被告供应牛肉、鸡蛋、面粉等货物，被告每月 8 日至 15 日间以支票形式结清上月货款。2021 年 3 月起至 7 月，被告陆续停止付款，截至 2022 年 5 月 4 日，被告共拖欠原告货款共计 29 369 元，被告曾承诺 2022 年 6 月 8 日一次性付清，但未按期付款。原告经索要无果，故诉至法院。
此致 北京市东城区人民法院
具状人：北京某某工贸有限公司（公章）
2022 年 6 月 28 日

③无民事行为能力人或限制民事行为能力人，可以作为民事诉讼的当事人。应在当事人之后另起一行列明法定代理人的姓名、性别、出生日期等详细信息，并注明与原告的法律关系。

【法条链接】法定代理人

《民法典》第 23 条　无民事行为能力人、限制民事行为能力人的监护人是其法定代理人。

④起诉时已经委托诉讼代理人的，应另起一行将委托诉讼代理人的基本信息列在当事人之后。

（三）撰写民事起诉状的诉讼请求

简要罗列原告诉请法院解决的具体问题，分项逐一排序。

表 6.1.2　常见合同的诉讼请求

常见合同诉讼请求
确认之诉：确认位于××××的房产归原告所有、确认原被告于××××年×月×日签订的买卖合同无效。
给付之诉：判令被告偿还原告借款 1 万元、判令被告赔偿原告损失 1 万元。
形成之诉：判令解除原被告签订的房屋租赁合同。

（四）撰写民事起诉状的事实与理由

写明提出的诉讼请求阐述所依据的事实基础及缘由。客观地写明基本事实，做到言之有理有据。

事实与理由之后可列举所掌握的证据和证据来源等情况。

（五）撰写民事起诉状的落款

表 6.1.3　民事起诉状的落款

此致
×××人民法院
具状人：×××
××××年×月×日

准确填写受诉法院的全称。

原告为个人的，应由本人签名；原告为法人或其他组织的，加盖法人或组织的印章。

（六）牢记民事起诉状的内容结构图

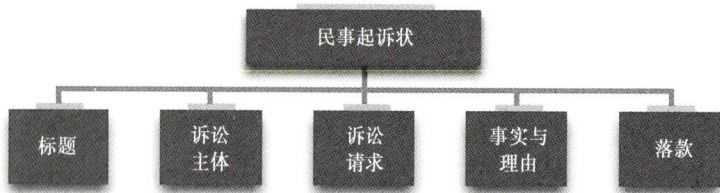

图 6.1.3　民事起诉状的内容结构图

二、学习资料

（一）民事诉讼的基本原理和基本流程

诉讼又称"打官司"，是由专门的国家机关在纠纷主体的参与下，依照法定程序解决具体纠纷的活动。

1. 起诉的条件

【法条链接】起诉的条件

《民事诉讼法》第 122 条　起诉必须符合下列条件：（一）原告是与本案有直接利害关系的公民、法人和其他组织；（二）有明确的被告；（三）有具体的诉讼请求和事实、理由；（四）属于人民法院受理民事诉讼的范围和受诉人民法院管辖。

第一，原告是与本案有直接利害关系的公民、法人或者其他组织。反之，与本案没有利害关系的主体不能成为原告。

第二，有明确的被告。

第三，有具体的诉讼请求和事实、理由。有具体的诉讼请求，是指原告要求人民法院予以确认或保护的民事权益的内容和范围应当明确、具体，例如，请求撤销合同、请求解除合同的形成之诉等。请求内容应当明确清楚，不能模棱两可。

第四，属于人民法院受理民事诉讼的范围和受诉人民法院管辖。原告起诉的案件应该属于人民法院受理民事诉讼的范围，接收诉状的法院必须对该案有管辖权才能正式受理该案件。

2. 知晓民事诉讼基本流程

表 6.1.4　民事诉讼基本流程

步骤序列	民事诉讼程序
1.原告写起诉状	原告提供起诉状，不会写的找律师写

续表

步骤序列	民事诉讼程序
2.立案	原告准备好所需诉讼材料，前往法院立案窗口登记立案
3.现场提交	不便来现场的，原告的网上立案通过后，需要将起诉状等网上提交的材料进行现场提交
4.法院送达	法院会把起诉状送达给被告，使被告得知自己被起诉了；如果找不到被告，公告送达（公告送达期限为60天，期满视为送达，公告送达的时间不算审理期限）
5.审前准备	原告进行准备，被告进行阅卷
6.提起管辖权异议	被告可以提出管辖权异议，而且可以上诉
7.原告申请财产保全	原告可以提出财产保全、证据保全、先予执行，常用的是财产保全，即针对被告可能转移财产。如果进行财产保全，建议起诉的时候一并提交财产保全申请
8.申请证据鉴定	原被告都可以对关键证据申请鉴定（鉴定期限不算审限）
9.签收开庭传票	开庭前，原被告收到开庭传票
10.参与庭前调解	开庭参与调解或和解
11.参加庭审	开庭的陈述、法庭调查中的举证和质证、法官询问、法庭辩论、陈述、签名
12.庭后	庭后补充意见或律师补充代理词

总体来说，民事案件一审应当在6个月内审结，特殊情况下可以延长6个月；民事案件二审应当在3个月内审结

【法条链接】

《民事诉讼法》第152条 人民法院适用普通程序审理的案件，应当在立案之日起六个月内审结。有特殊情况需要延长的，经本院院长批准，可以延长六个月；还需要延长的，报请上级人民法院批准。

《民事诉讼法》第183条 人民法院审理对判决的上诉案件，应当在第二审立案之日起三个月内审结。有特殊情况需要延长的，由本院院长批准。

人民法院审理对裁定的上诉案件，应当在第二审立案之日起三十日内作出终审裁定。

（二）诉讼请求与事实理由

具体包括下列各项。

①诉讼请求，是起诉人请求人民法院解决民事权益争议的具体事项，即起诉人所要达到的目的要求。要求写得明确、具体、合法、相对固定，即应当"四要四不要"：一要明确，不要含糊；二要具体，不要笼统；三要合理合法，不要提无理要求；四要相对固定，不要任意变换。对诉讼请求，在起诉时要慎重、周密考虑，力求周到、没有遗漏。在立案后，如诉讼请求确有不实、不全、不确切之处，可以变更或提出新的请求。

此外，如有必要申请财产保全（即诉讼保全）或者先行给付的，应作为独立的一项要求提出来。如在立案后才提出诉讼保全或先行给付，则应另写申请书。

②事实是指双方争议的事实或被告侵权的事实及其证据。案情事实的具体内容包括：当事人之间的法律关系；纠纷的发生、发展过程；争执的焦点和具体内容；被告应承担的责任。如原告自己有一定责任，亦应提及，不能把过错完全推给被告。

叙述事实应当做到"六要六不要"：一要和诉讼请求一致，不要相互矛盾；二要写得具体清楚，不要抽象空洞；三要实事求是，不要扩大缩小；四要把关键情节交代清楚，不要含糊其词；五要有理有据，不要捕风捉影；六要心平气和地摆事实，不要刻薄挖苦。

事实必须有证据来证实，所谓证据，就是证明案件事实的材料。它决定着诉讼的胜负。根据"谁主张，谁举证"原则，原告有举证责任，对证据的要求是：a.要列举证据名称和内容，证明何事；b.要说明证据的来源和可靠程度；c.要写明证人的姓名、职业、住所，便于调查；d.要提交证据原件或复印件。一般是先提交复印件或抄件，到开庭时才提交原件。对证据的书写，一般是在叙述事实时就一同列举证据。可以在叙述事实之后，单列一段来交代证据。

原告如认为证据有可能灭失或以后难以取得证据，在起诉时可以申请证据保全。

③理由。在讲清楚事实之后，应概括地分析纠纷的性质、危害、结果及责任，同时提出诉讼请求所依据的法律条款，以论证诉讼请求的合理合法。理由包括两方面：一是认定案件事实的理由，二是提出法律根据的理由。引用法律条文要全面、具体，应引到条、款、项，不能只引条，书写理由应做到"三要三不要"：一要讲道理，不要强词夺理；二要提供证据，不要空口无凭；三要有针对性地引用法律条款，不要没有法律依据。

三、边学边练

表6.1.5　"到法院打违约官司"学生行动表现评价和反思表

典型工作环节名称	具体任务	学生行动表现评价（自评×30%+互评×30%+老师评价×40%）				学生行动表现反思	
		自评得分	互评得分	教师评价得分	小计得分	学生反思	教师点评
到法院打违约官司	1.撰写民事起诉状的标题（10分）						
	2.撰写民事起诉状的诉讼主体（15分）						
	3.撰写民事起诉状的诉讼请求（20分）						
	4.撰写民事起诉状的事实和理由（40分）						
	5.撰写民事起诉状的落款（15分）						
签字		自评人签字：		互评人签字：		教师签字：	
最终得分					—		
累计得分					—		
对自己未来行动表现有何期待							

四、巩固练习

①课后坚持在网上浏览民事诉讼的起诉理由，截图发在学习平台班级群。

②上网查阅《民事诉讼法》规定的起诉条件，并举例说明。

典型工作环节二　提交诉讼材料给法院

一、具体任务

（一）提交民事起诉状正、副本

民事起诉状正本一份，副本按被告人数提交相应份数（如两个被告需要提交正本一份，副本二份）。起诉状的纸张大小为A4（210毫米*297毫米），必须用墨水笔（黑色、蓝黑色）书写或打印。起诉状正本、副本均需原告签章。如原告是自然人，需本人亲笔签名；如原告是公司、企业等法人，需加盖公章。起诉状正本、副本签章均不得复印。

（二）提交原被告身份材料

原告是自然人的，需提交本人身份证或户口本复印件；原告是公司、企业等法人的，需提交营业执照复印件、法定代表人身份证明（法定代表人身份证明需加盖公司公章）。

被告是自然人的，需提交公安机关开具的户籍信息或身份证复印件、户口本复印件等户籍证明；被告是公司、企业等法人的，需提交其企业工商登记信息（可在国家企业信用信息公示系统查询打印）。

（三）提交委托授权手续材料

如果当事人需委托诉讼代理人，还应当提交委托授权手续材料。律师为诉讼代理人的，应提交原告签章的授权委托书、律师事务所公函及律师证复印件。

自然人委托近亲属为诉讼代理人的，应提交原告亲笔签字的授权委托书，受托人身份证复印件、户口簿、结婚证或户籍证明等亲属关系证明材料；如果原告系无民事行为能力人或限制民事行为能力人，法定代理人应提交原告系无民事行为能力人或限制民事行为能力人的证明材料（未成年人除外）、亲属关系证明和法定代理人身份证复印件等材料。

法人或其他组织委托其工作人员为诉讼代理人的，应提供原告加盖公章的授权委托书、受托人身份证复印件。委托所在社区、单位以及有关社会团体推荐的公民为诉讼代理人的，应提交原告签章的授权委托书及推荐书。

（四）提交原告、被告之间存在合同关系的证据材料

例如预售合同书、房屋买卖合同、意向书等，以及原告、被告履行房屋买卖合同的证据材料，例如付款凭证、房屋交接书、房屋产权证复印件等，以及房产交易中心出具的涉诉房屋产权登记信息资料。

（五）提交被告违约事实的证据材料

证据材料包括原告认为需要提交给法院的其他证据材料、其他符合起诉条件的相关证据材料。

证据材料提交的份数等同于起诉状份数。

二、学习资料

《民事诉讼法》是我国的基本诉讼程序法，旨在保护当事人行使诉讼权利，保证人民法院查明事实，分清是非，正确适用法律，及时审理民事案件，确认民事权利义务关系，制裁民事违法行为。当一方违约，存在违约金条款的情况下，双方协商确定赔偿违约金的数额；在没有约定违约金条款，但守约方出现损失时，可以要求违约方赔偿守约方所受到的损失；或者协商采取其他补救措施。协商不成的，可提起违约诉讼。

（一）起诉的法定条件

根据《民事诉讼法》第 122 条的规定，起诉必须符合下列条件：

①原告是与本案有直接利害关系的公民、法人和其他组织。

②有明确的被告。

③有具体的诉讼请求和事实、理由。

④属于人民法院受理民事诉讼的范围和受诉人民法院管辖。

（二）原告应当向人民法院递交起诉状

根据《民事诉讼法》第 123 条第 1 款的规定，起诉应当向人民法院递交起诉状，并按照被告人数提出副本。

根据《民事诉讼法》第 124 条的规定，起诉状应当记明下列事项：

①原告的姓名、性别、年龄、民族、职业、工作单位、住所、联系方式，法人或者其他组织的名称、住所和法定代表人或者主要负责人的姓名、职务、联系方式。

其中，法定代表人的信息还需符合《公司法》的规定。《公司法》第 13 条规定："公司法定代表人依照公司章程的规定，由董事长、执行董事或者经理担任，并依法登记。公司法定代表人变更，应当办理变更登记。"准确写明法定代表人的姓名、职务及联系方式。

②被告的姓名、性别、工作单位、住所等信息，法人或者其他组织的名称、住所等信息。

③诉讼请求和所根据的事实与理由；具体的诉讼请求是指原告必须明确提出通过起诉需要解决的具体事项，包括受法律保护的民事权利和利益。

④证据和证据来源，证人姓名和住所。

三、边学边练

表 6.2.1　"提交诉讼材料给法院"学生行动表现评价和反思表

典型工作环节名称	具体任务	学生行动表现评价（自评 ×30%＋互评 ×30%＋老师评价 ×40%）				学生行动表现反思	
		自评得分	互评得分	教师评价得分	小计得分	学生反思	教师点评
提交诉讼材料给法院	1.提交民事起诉状正、副本（10分）						
	2.提交原被告身份材料（20分）						
	3.提交委托授权手续材料（20分）						
	4.提交原告、被告之间存在合同关系的证据材料（20分）						
	5.提交被告违约事实的证据材料（30分）						
签字		自评人签字：		互评人签字：		教师签字：	
最终得分						—	
累计得分						—	
对自己未来行动表现有何期待							

四、巩固练习：证据保全公证来助力

近日，小乔来到临泽县公证处称："他与某室内装修设计工程有限公司于2021年6月份签订了一份《房屋装修合同》，由该公司承包乔某位于倪家营镇乡亲家园楼房室内装修。乔某依合同约定按工程进度缴纳了工程款，起先该装修公司还能如约对新房进行装修，但2个多月后施工队却擅自停工。乔某多次联系公司负责人，公司负责人既不接电话，也不来继续施工。乔某打算另聘装修公司完成房屋装修工程。但一旦重新装修，就会对之前装修的现状进行破坏，如果不能保持房屋现状，就不利于向违约跑路的装修公司进行索赔。"

根据乔某的诉求，接待公证员建议其办理证据保全公证。由公证员到现场对房屋现状进行实地查看及拍摄，以摄像、拍照的方式保全房屋目前的现状。即使将来对房屋重新装修，也能保全房屋现在的状况。相关机构可根据保全时的影像资料进行评估，以此作为索赔的依据。

听完公证员的建议，乔某立即向公证处申请办理保全证据公证。公证处指派了两名公证人员上门服务，之后公证人员为乔某出具了附有证据保全摄像资料光碟的公证书。乔某终于可以放心地继续装修房屋了。

阅读案例，归纳总结公证处保全证据的作用。证据保全是指在证据有可能毁损、灭失，或以后难以取得的情况下，公证处采取措施对证据进行固定，为当事人协商处理事情和法院诉讼提供可靠的依据，同时也充分发挥了公证服务、沟通、证明、监督的职能作用。

典型工作环节三　参加法庭审判

一、具体任务

（一）签收法院送达的答辩状副本

人民法院应在立案之日起 5 日内将起诉状副本发送被告，被告应在收到之日起 15 日内提出答辩状。人民法院应在收到答辩状之日起 5 日内将答辩状副本送达原告。被告不提出答辩状的，不影响人民法院审理。

民事答辩状

答辩人：×××，男/女，××××年××月××日生，×族，……（写明工作单位和职务或职业），住……。

法定代理人/指定代理人：×××，……。

委托诉讼代理人：×××，……。

（以上写明答辩人和其他诉讼参加人的姓名或者名称等基本信息）

对××××人民法院（××××）……民初……号……（写明当事人和案由）一案的起诉，答辩如下：

……（写明答辩意见）。

证据和证据来源，证人姓名和住所：

……

此致

××××人民法院

附：本答辩状副本 × 份

答辩人（签名）

××××年××月××日

图 6.3.1　民事一审答辩状范例

（二）签收法院决定开庭相关信息的通知和文书

电子送达在诉讼材料送达中运用得越来越普遍，下面就来总结法院立案通知短信的辨别真伪方法。

1. 看发送号码

法院发送短信号码为 12368（全国统一诉讼服务热线电话）。

2. 看案号

某人民法院民事立案案号为（年份）＋省简称＋ 1281 民初＋ ××× 号。

3. 看案由

法院送达诉讼材料中的案由是根据相关法律规定确定的。

4. 看材料内容

人民法院发送的短信中包含链接及验证码，接收人打开链接，复制粘贴验证码即可查询所有相关文书信息。

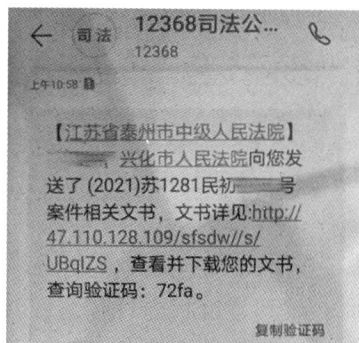

图 6.3.2　法院送达的司法文书短信示例

（三）参与庭审前调解

经当事人同意，人民法院在答辩期满前对案件进行调解；当事人双方既可以同时到法院，由法院组织调解人员及书记员进行调解；也可以依托人民法院的在线调解平台，远程视频调解。

图 6.3.3　法院组织的庭审前调解

（四）参与法庭调查做好陈述

合同纠纷案件的一审程序中，法庭调查通常按照原告陈述诉讼请求、被告答辩、法官归纳固定无争议的事实及有争议的事实、双方当事人围绕争议的事实进行举证、质证、对证据进行审核认定；在调查过程中，当事人经法庭许可，可以向证人、鉴定人、勘验人发问。当事人及其诉讼代理人应当诚信、理性地阐述案件事实，不得做虚假陈述。

图 6.3.4　法院庭审

（五）参与法庭辩论

①庭审辩论主要围绕双方的争议焦点进行。

②发表意见要简明扼要，有理有据。

（六）签收法院调解书、判决书或裁定书

一审案件审理过程中或审理终结后，法院会向当事人送达调解书、判决书、裁定书。

调解书经双方当事人签收后，即具有法律效力。调解未达成协议或者调解书送达前一方反悔的，人民法院应当及时判决。

当事人不服法院第一审判决的，有权在判决书送达之日起 15 日内向上一级人民法院提起上诉。

当事人不服法院第一审裁定的，有权在裁定书送达之日起 10 日内向上一级人民法院提起上诉。

超过上诉期没有上诉的判决、裁定，是发生法律效力的判决、裁定。败诉方应当按时履行生效法律文书确定的义务。

二、学习资料

提起法院，人们立刻会联想到神秘、庄严、敬畏之类的词语。一旦提起违约诉讼，这就走进了法院。

（一）民事审判的基本设置

法院一般都设置有立案庭、民事审判庭、刑事审判庭、行政庭、政治处、审监庭、执行庭等几个重要的部门。执行庭是审判工作的最后环节，申请强制执行是当事人在判决后因为对方不履行判决的义务而有权向法院请求强制执行的一项权利，是当事人实现权利的保障。

【法条链接】审判权的设置

《民事诉讼法》第6条　民事案件的审判权由人民法院行使。

人民法院依照法律规定对民事案件独立进行审判，不受行政机关、社会团体和个人的干涉。

（二）立案后开庭前的准备工作

对于符合《民事诉讼法》规定的起诉条件的案件，人民法院应予以受理。人民法院决定受理的案件，应当在7日内立案，并通知当事人。经审查决定受理或立案登记的日期为立案日期。由书记员将案件相关信息及时录入审判管理系统。

1. 送达案件受理通知书等诉讼文书

法院向原告送达《案件受理通知书》和《诉讼须知》，要求当事人填写《地址确认书》，并将案件及时送交承办庭室负责人。立案庭书记员应当在2日内将案件移送有关审判庭审理，并办理移交手续，注明移交日期。

表6.3.1　案件受理通知书

×××人民法院受理通知书
（××××）×××字第××号
你诉（被告）（案由）一案的起诉状已收到，本院已决定受理。
现将有关事项通知如下。
一、当事人在诉讼过程中，有权行使法律规定的诉讼权利，同时必须遵守诉讼秩序，履行诉讼义务。
二、自然人参加诉讼的，应当提交身份证明。法人或者其他组织参加诉讼的，应在接到通知书之日起十日内，提交法人或者其他组织资格证明以及法定代表人身份证明书或者负责人身份证明书。
三、如需委托代理人代为诉讼，应向本院递交由委托人签名或者盖章的授权委托书。授权委托书应当载明委托事项和委托权限。
年　月　日（院印）

2. 交纳案件诉讼费用

所谓诉讼费用，是指当事人进行民事诉讼，依法应当向人民法院交纳和支付的费用。根据《民事诉讼法》第 121 条第 1 款规定，当事人进行民事诉讼，应当按照规定交纳案件受理费。财产案件除交纳案件受理费外，还应按照规定交纳其他诉讼费用。

当事人应当向人民法院交纳的诉讼费用包括案件受理费、申请费以及证人、鉴定人、翻译人员、理算人员在人民法院指定日期出庭发生的交通费、住宿费、生活费和误工补贴等三种费用。

一般来说，案件受理费由原告预交。

【法条链接】案件受理费的预交

《诉讼费用交纳办法》第 20 条 案件受理费由原告、有独立请求权的第三人、上诉人预交。被告提起反诉，依照本办法规定需要交纳案件受理费的，由被告预交。追索劳动报酬的案件可以不预交案件受理费。

《诉讼费用交纳办法》第 29 条 诉讼费用由败诉方负担，胜诉方自愿承担的除外。

3. 法院受理后将起诉书副本送达被告

被告在 15 日内提交答辩状，法院在五日内将答辩状副本送达原告，如果被告不提交答辩状，不影响审理。

4. 决定开庭审理的案件，法院在 3 日前通知当事人并公告

（三）庭审前调解的基本原理

1. 庭审前调解的含义

庭审前调解是指一方当事人向人民法院起诉后，法院经过审查，认为事实清楚，证据充分，争议不大且当事人具有调解意向的案件，在开庭审理前召集双方当事人进行调解，使双方当事人互谅互让，达成协议的一种特殊审理方式。

申请庭审前调解，并以调解方式结案的，减半交纳案件受理费。达成调解协议又能现场结清的，不需制作调解书，应当记入笔录，并作结案说明，由双方当事人、法官、书记员签名或盖章，即具有法律效力。

【法条链接】先行调解

《民事诉讼法》第 125 条 当事人起诉到人民法院的民事纠纷，适宜调解的，先行调解，但当事人拒绝调解的除外。

2. 依法确认诉前调解

对于诉前调解成功的矛盾、纠纷，人民法院根据当事人的意愿，及时确认其效力。

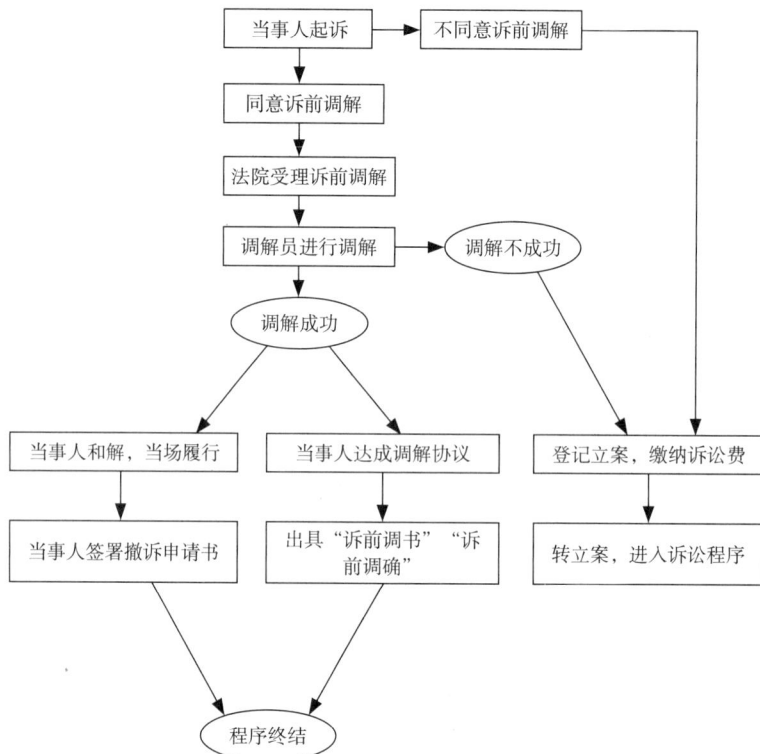

图 6.3.5　诉前调解流程图 [1]

（四）参加民事第一审程序

①法庭调查阶段主要按照下列程序进行：当事人陈述；证人作证，宣读未到庭的证人证言；出示书证、物证和视听资料；宣读鉴定结论；宣读勘验笔录。

②法庭辩论主要按照下列程序进行：原告及其诉讼代理人发言；被告及其诉讼代理人答辩；第三人及其诉讼代理人发言或者答辩；互相辩论。法庭辩论终结，由审判长按照原告、被告、第三人的先后顺序征询各方最后意见。

③法庭辩论终结，应当依法作出判决。判决前能够调解的，还可以进行调解，调解不成的，应当及时判决。

④及时作出调解或判决。

a.调解或判决都是民事诉讼的结案方式

调解成功制作调解书，调解失败按照诉讼流程最终可能制作一审判决书。调解书是指人民法院制作的记载双方当事人协议内容的法律文书，它既是当事人平等协商结果的记录，又是人民法院对当事人的调解协议予以确认后，依法赋予强制执行力的法律文书。

1　湖北省安陆市人民法院.诉前调解"知多少"，小编带你了解一下！［EB/OL］.（2022-05-10）［2022-09-01］.湖北省安陆市人民法院微信公众号.

b. 民事调解书与民事判决书的区别

民事调解书和民事判决书都具有法律效力。但两者毕竟有很大的不同，民事调解书与民事判决书的区别如下：

首先，解决纠纷的方式不同。民事调解书反映的是人民法院依法进行调解，促成双方当事人自愿、合法地达成协议的内容；民事判决书反映的则是人民法院依法以判决的形式解决纠纷的内容。

其次，体现的意志不同。民事调解书是当事人对在法院主持和确认下，自愿协商，达成一致的协议；民事判决书则体现了人民法院依法适用法律解决纠纷的活动，体现了国家的意志。

最后，发生法律效力的时间不同。民事调解书经双方当事人签收后，即具有法律效力；而第一审民事判决书只有在上诉期过后，当事人不上诉的情况下才发生法律效力。可见两者的区别很大。尤其要注意的是法院调解不同于诉讼外调解，它具有诉讼的性质，具有强制执行的效力。

【法条链接】法院调解

《民事诉讼法》第9条　人民法院审理民事案件，应当根据自愿和合法的原则进行调解；调解不成的，应当及时判决。

《民事诉讼法》第96条　人民法院审理民事案件，根据当事人自愿的原则，在事实清楚的基础上，分清是非，进行调解。

民事诉讼法》第100条　调解达成协议，人民法院应当制作调解书。调解书应当写明诉讼请求、案件的事实和调解结果。

调解书由审判人员、书记员署名，加盖人民法院印章，送达双方当事人。

调解书经双方当事人签收后，即具有法律效力。

表6.3.2　法院调解书示例

河北省××市中级人民法院
民事调解书
（2013）×民初字第××号
原告：怀安县××化工××有限公司。住所地：河北省怀安县××镇××。
法定代表人：张××，董事长。
被告：××市汉德化工××有限公司。住所地：河北省××市××农场管理区×××。
法定代表人：陈××，董事长。
案由：确认合同效力纠纷

河北省××市中级人民法院

原告怀安县××化工××有限公司于2012年12月11日诉至本院,其主要诉讼请求是:1.要求确认双方所签合作协议无效;2.要求被告返还原告的生产设备、产品、原材料;3.要求被告返还原告所垫付的三分之一水、电、人工费等59.94万元;4.要求被告赔偿原告因被告变卖设备、产品给原告造成的经济损失231.39万元;5.要求被告赔偿原告其他经济损失50万元;6.由被告承担诉讼费用。

经查,原告怀安县××化工××有限公司(以下简称"××公司")与被告××市汉德化工××有限公司(以下简称"汉德公司")于2011年5月签订合作协议,双方约定在被告汉德公司位于××市××农场管理区的工厂合作生产锂电池用化学品,履行合同所需房产及装修的投资由汉德公司承担,其他固定资产投入及流动资金由原告××公司承担;如果汉德公司资金不足,可由××公司垫付并从汉德公司应得利润中扣除;双方合作协议涉及的产品产生的利润,原告××公司占80%,被告汉德公司占20%。合同签订后,双方开始履行合同,原告××公司共投入设备折合人民币96.32万元。后因汉德公司原因致使双方合作终止而引发纠纷,遂形成诉讼。

本案在审理过程中,经本院主持调解,双方当事人自愿达成如下协议:

一、被告××市汉德化工××有限公司于2013年2月10日前将4.8吨电池级氟代碳酸乙烯酯和1台安捷伦(英文为"Agilent")7890A气象色谱仪归还给怀安县××化工××有限公司。

二、对于12.619吨粗品氟代碳酸乙烯酯和0.5吨工业级氟代碳酸乙烯酯,由原告怀安县××化工××有限公司自行追回,被告××市汉德化工××有限公司应予配合并出具授权委托等相关手续。

三、原告怀安县××化工××有限公司放弃要求被告××市汉德化工××有限公司返还垫付水、电、人工费59.94万元并赔偿其他经济损失50万元的诉讼请求。

四、原告怀安县××化工××有限公司于被告××市汉德化工××有限公司履行完本调解协议的上述内容后5日内向被告××市汉德化工××有限公司支付50万元,用于被告办理今后双方继续合作的生产许可等相关手续的费用支出,以确保双方继续合作生产的合法性;如果××市汉德化工××有限公司不能有效配合怀安县××化工××有限公司完成本协议的上述内容,××市汉德化工××有限公司应于怀安县××化工××有限公司提出书面要求后5日内返还怀安县××化工××有限公司所支付的该笔50万元人民币款项。

五、原、被告双方如继续合作,可另行签订合同以约定双方合作的相关事宜。

六、双方在本案中无其他纠纷。

案件受理费减半收取14 656元,由原告怀安县××化工××有限公司负担。

上述协议,符合有关法律规定,本院予以确认。

审 判 长	印××
代理审判员	于×
代理审判员	彭晓×
	二〇××年×月六日
书 记 员	×静

三、边学边练

表 6.3.3　"参加法庭审判"学生行动表现评价和反思表

典型工作环节名称	具体任务	学生行动表现评价（自评×30%+互评×30%+老师评价×40%）				学生行动表现反思	
		自评得分	互评得分	教师评价得分	小计得分	学生反思	教师点评
参加法庭审判	1.签收法院送达的答辩状副本(15分)						
	2.签收法院决定开庭相关信息的通知和文书（15分）						
	3.参与诉前调解（20分）						
	4.参与法庭调查做好陈述（20分）						
	5.参与法庭辩论（20分）						
	6.签收法院调解书或判决书（10分）						
签字		自评人签字：		互评人签字：		教师签字：	
最终得分						—	
累计得分						—	
对自己未来行动表现有何期待							

四、巩固练习

如果遇到纠纷，你会采取什么样的解决方式？

提示：并非所有纠纷都可以通过非诉讼手段解决，诉讼是解决各种冲突和纠纷的最后途径。诉讼手段与非诉讼手段各有其优势，它们共同发挥着保障公民合法权益的作用。

典型工作环节四　申请法院执行

一、具体任务

（一）向法院首次提出执行申请

条件：首先，存在判决生效对方拒不执行的情形。

其次，在法定两年期限内首次向法院申请执行。

最后，向法院提交执行申请书。

表 6.4.1　执行申请书（以自然人为例的示范文本）

申请人	姓名：		性别：		年龄：	
	身份证号：					
	住址：					
	联系电话（必填）				邮政编码	
被申请人	姓名：		性别：		年龄：	
	身份证号：					
	住址：					
	联系电话（必填）				邮政编码	
案由						（填写原审案由）
执行依据	一审法律文书号		（　　）年（　　）民初（　　）号			
	二审法律文书号		（　　）年（　　）民终（　　）号（有二审文书时填）			
	仲裁裁决书号		（　　）仲字（　　）第（　　）号			
	其　它					
申请执行内容	1.请求法院扣押、冻结、划拨或变价被申请人与法律文书确定数额相应的财产。					
	2.被申请人履行判决书确定的相应行为（如腾退房屋，继续交付货物等）。					
	3.由被申请人支付申请人预交或垫付的案件受理费等各项费用共计　　　　　元。					
	4.其他申请内容					
执行线索	被执行人（单位）开户银行及账号： 被执行人名下机动车辆： 被执行人名下房产： 其他财产（如股票、承包的果树等财产权益）					
					申请人签名或盖章： 　　年　　月　　日	

表6.4.2　执行申请书（以单位为例的示范文本）

申请人	单位名称：		
	住址：		
	法定代表人/负责人姓名：		
	联系电话（必填）		邮政编码
被申请人	姓名：　　　　性别：　　　　年龄：		
	身份证号：		
	住址：		
	联系电话（必填）		邮政编码
案由			（填写原审案由）
执行依据	一审法律文书号	（　）年（　）民初（　）号	
	二审法律文书号	（　）年（　）民终（　）号（有二审文书时填）	
	仲裁裁决书号	（　）仲字（　）第（　）号	
	其　它		
申请执行内容	1.请求法院扣押、冻结、划拨或变价被申请人与法律文书确定数额相应的财产。		
	2.被申请人履行判决书定的相应行为（如腾退房屋，继续交付货物等）。		
	3.由被申请人支付申请人预交或垫付的案件受理费等各项费用共计　　　　元。		
	4.其他申请内容		
执行线索	被执行人（单位）开户银行及账号： 被执行人名下机动车辆： 被执行人名下房产： 其他财产（如股票、承包的果树等财产权益）		
	<div align="right">申请人签名或盖章： 年　　月　　日</div>		

（二）向法院申请财产保全措施

申请执行人有权向人民法院申请对被执行人的财产采取保全措施，并提交申请财产保全申请书、担保书等书面材料。

表 6.4.3 执行前财产保全申请书

财产保全申请书

申请人：
 	
 被申请人：
 	
 执行依据：（填写生效法律文书的制作机关、文号和主要内容）
 	
 请求事项：请求冻结被申请人_____元的银行存款或查封、扣押相同价值的其他财产。
 	
     事实与理由：申请人与被申请人作为执行依据的法律文书已生效，因为被申请人一方的行为，使判决不能执行或者难以执行，特向贵院申请采取财产保全措施。申请人愿意提供_____
 _____为本案提供担保，并愿意承担因保全错误导致的一切法律后果。
 	
     此致
 ××××人民法院
 	
                                  申请人：
                                      年   月   日
 	
 （申请人为自然人的，落款处须由申请人本人签名捺印；申请人为法人或其他组织的，落款处须由当事人加盖公章）
 	
     附：被保全财产信息或线索
     附：生效法律文书副本

（三）协助配合法官

申请执行人应当密切关注被执行人动向，发现被执行人有新的收入、有高消费、出入境以及具体行踪等情况时，及时联系承办法官，推进执行工作顺利进行。

（四）达成和解协议

在执行中，双方当事人自行和解达成协议的，执行员应当将协议内容记入笔录，由双方当事人签名或者盖章。

二、学习资料

法院作出生效判决后，在规定期限内，往往有债务人逃避履行、迟迟不肯还款的情形。此时权利人可以向法院申请强制执行，维护自身合法权益。

【法条链接】申请执行

《民事诉讼法》第243条 发生法律效力的民事判决、裁定,当事人必须履行。一方拒绝履行的,对方当事人可以向人民法院申请执行,也可以由审判员移送执行员执行。

调解书和其他应当由人民法院执行的法律文书,当事人必须履行。一方拒绝履行的,对方当事人可以向人民法院申请执行。

(一)在法定期限内申请强制执行

权利人向法院申请执行的期间是两年。申请执行期间从法律文书规定履行期间的最后一日起计算;法律文书规定分期履行的,从规定的每次履行期间的最后一日起计算;法律文书未规定履行期间的,从法律文书生效之日起计算。生效法律文书规定债务人负有不作为义务的,从债务人违反不作为义务之日起计算。

权利的实现也要遵守法定期间。所以,为了保障债权的实现,一定记得在法定期限内及时申请法院强制执行。

【法条链接】申请执行的期间

《民事诉讼法》第246条 申请执行的期间为二年。申请执行时效的中止、中断,适用法律有关诉讼时效中止、中断的规定。

前款规定的期间,从法律文书规定履行期间的最后一日起计算;法律文书规定分期履行的,从最后一期履行期限届满之日起计算;法律文书未规定履行期间的,从法律文书生效之日起计算。

(二)申请执行前财产保全

民事诉讼中,基于不同的诉讼阶段,财产保全分为诉前财产保全、诉讼中财产保全和执行前财产保全。

防止执行前被申请人转移或隐匿财产致使判决不能执行或难以执行,申请人可以向人民法院申请执行前财产保全。执行前财产保全是指作为民事执行依据的法律文书生效后至申请执行前,可能因债务人的行为或者其他原因,使法律文书不能执行或者难以执行,债权人可以向有执行管辖权的人民法院申请保全债务人的财产。

人民法院根据当事人的申请,结合实际裁定对债务人的财产进行保全、责令其作出一定行为或者禁止其作出一定行为。

【法条链接】诉讼财产保全

《民事诉讼法》第 103 条　人民法院对于可能因当事人一方的行为或者其他原因，使判决难以执行或者造成当事人其他损害的案件，根据对方当事人的申请，可以裁定对其财产进行保全、责令其作出一定行为或者禁止其作出一定行为；当事人没有提出申请的，人民法院在必要时也可以裁定采取保全措施。

人民法院采取保全措施，可以责令申请人提供担保，申请人不提供担保的，裁定驳回申请。

人民法院接受申请后，对情况紧急的，必须在四十八小时内作出裁定；裁定采取保全措施的，应当立即开始执行。

【法条链接】诉前财产保全

《民事诉讼法》第 104 条　利害关系人因情况紧急，不立即申请保全将会使其合法权益受到难以弥补的损害的，可以在提起诉讼或者申请仲裁前向被保全财产所在地、被申请人住所地或者对案件有管辖权的人民法院申请采取保全措施。申请人应当提供担保，不提供担保的，裁定驳回申请。

人民法院接受申请后，必须在四十八小时内作出裁定；裁定采取保全措施的，应当立即开始执行。

申请人在人民法院采取保全措施后三十日内不依法提起诉讼或者申请仲裁的，人民法院应当解除保全。

【法条链接】执行前财产保全

最高人民法院《关于人民法院办理财产保全案件若干问题的规定》[1] 第 1 条　当事人、利害关系人申请财产保全，应当向人民法院提交申请书，并提供相关证据材料。

申请书应当载明下列事项：

（一）申请保全人与被保全人的身份、送达地址、联系方式；

（二）请求事项和所根据的事实与理由；

（三）请求保全数额或者争议标的；

（四）明确的被保全财产信息或者具体的被保全财产线索；

（五）为财产保全提供担保的财产信息或资信证明，或者不需要提供担保的理由；

（六）其他需要载明的事项。

法律文书生效后，进入执行程序前，债权人申请财产保全的，应当写明生效法律文书的制作机关、文号和主要内容，并附生效法律文书副本。

1　2016 年 10 月 17 日由最高人民法院审判委员会第 1696 次会议通过，根据 2020 年 12 月 23 日最高人民法院审判委员会第 1823 次会议通过的《最高人民法院关于修改〈最高人民法院关于人民法院扣押铁路运输货物若干问题的规定〉等十八件执行类司法解释的决定》修正。

法院可以对债务人的财产采取必要的保全措施，给债权人的权益带上可兑现的、现实的护身符，从而实现"赢了官司，能拿到钱"的初衷。所以，符合条件的，切记申请执行前财产保全。

（三）正确提交执行请求事项

执行申请书是执行案件的"第一扇窗户"，法院虽然执行的是生效法律文书确定的义务，但仍然是在生效法律文书确定的义务范围内依据申请人实际请求事项进行执行。申请执行请求涉及的给付内容一般包括欠款、违约金、利息等，其中裁判文书提供计算方式但未明确具体金额的需另行计算，提交执行申请时，应尽量避免错填、漏填带来不必要的麻烦。[1]

（四）应与法官通力配合提供线索

虽然法院有权向有关单位查询被执行人的财产，有权利用网络执行控制系统查控被执行人财产情况，但因被执行人往往采取躲避执行措施，导致其财产未能在查控的范围之内，即查控不到对方的财产情况。而申请执行人往往能够利用熟悉被执行人相关情况的优势，提供更为有效的执行线索。

按照人民法院执行工作的规范和精神，申请执行人应当向人民法院提供其所了解的被执行人的财产状况或线索。被执行人必须如实向人民法院报告其财产状况。法院不是"讨债公司"，也不是只对特定的某一项执行案件负责。申请执行人享有申请强制执行的权利，同时承担积极向人民法院提供执行线索的义务。

（五）与被执行人协商达成和解协议

执行和解协议是执行程序中的一项制度。目的是在强制执行过程中，申请执行人与被执行人可以自愿协商，达成和解协议，权利人可以放弃部分或全部权利，依法变更生效法律文书确定的履行标的、期限、地点和方式等。

执行过程中，作为双方当事人自行和解所达成的协议，反映了当事人的真实意思表示，对双方当事人具有约束力，不可随意撤销。

1　洛阳中院.如何尽快拿到执行款？法官特别提醒：申请强制执行的这些要点一定要看！[EB/OL]，（2021-10-22）[2022-06-30]，豫法阳光微信公众号.

三、边学边练

表 6.4.4　"申请法院执行"学生行动表现评价和反思表

典型工作环节名称	具体任务	学生行动表现评价 （自评 ×30%+ 互评 ×30%+ 老师评价 ×40%）				学生行动表现反思	
		自评得分	互评得分	教师评价得分	小计得分	学生反思	教师点评
申请法院执行	1.向法院首次提出执行申请（25分）						
	2.向法院申请财产保全措施（25分）						
	3.与法官通力配合提供线索（25分）						
	4.达成和解协议（25分）						
签字		自评人签字：			互评人签字：		教师签字：
最终得分							—
累计得分							—
对自己未来行动表现有何期待							

四、巩固练习

执行过程中如果一方不履行和解协议该怎么办？请查阅各法院的微信公众号，分享一下法官的建议吧。

如果一方后来又不履行和解协议的，法院可以根据对方当事人的申请，再恢复原来的执行程序。申请执行的期限因为达成和解协议而中止的，则期限从和解协议所确定的履行期的最后一天起连续计算。

法官提醒：不要怕对方欠钱"反复无常"，随时可以申请恢复执行。

项目七
处理典型合同实务

典型工作环节一　处理买卖合同实务

一、具体任务

（一）履行出卖人的主要义务

1. 交付标的物

出卖人应当按照约定的期限、地点、数量、质量交付标的物。

2. 转移标的物的所有权

买卖合同中，不同的标的物转移所有权的方法不同：动产需要交付；不动产需要转移不动产的占有，并办理不动产登记手续。

（二）履行买受人的主要义务

①按照约定的数额支付价款。

②受领并检验标的物。

二、学习资料

（一）买卖合同的概念

《民法典》第 595 条规定："买卖合同是出卖人转移标的物的所有权于买受人，买受人支付价款的合同。"其中，依照约定承担交付标的物并转移标的物所有权的一方称为出卖人或卖方，承担支付价款的一方称为买受人或买方。

买卖合同是商品交换的基本形式，是日常生活中最常见的法律行为。

（二）买卖合同的性质

1. 买卖合同是双务合同

买卖合同的双方当事人在享有合同权利的同时，都承担相应的合同义务，其中，出卖人负有交付标的物并转移其所有权于买受人的义务，买受人负有向出卖人支付价款的义务，因此，买卖合同是典型的双务合同。

2. 买卖合同是有偿合同

买卖合同中，卖方获得价款需要以转移标的物所有权为代价，买方取得标的物所有权，需要以付出价款为代价，一方从对方取得物质利益都需要向对方付出相应的物质利益，因此，买卖合同是典型的有偿合同。

3. 买卖合同是诺成合同

除法律另有规定或当事人另有约定外，只要双方当事人意思表示一致，买卖合同就能成立，不以一方当事人标的物的交付或合同义务的履行作为合同的成立要件，因此，买卖合同为诺成合同。

4. 买卖合同为不要式合同

法律或行政法规并不要求买卖合同必须具备特定的形式，因此，买卖合同为不要式合同。

（三）标的物的风险承担

标的物的风险，是指买卖合同的标的物非因双方当事人的过错而发生的意外毁损、灭失。买卖合同中标的物的风险责任，在标的物交付之前由出卖人承担，交付之后，由买受人承担；但法律另有规定或者当事人另有约定的除外。

（四）买卖合同的主要条款

买卖合同的内容主要由当事人约定，一般包括标的物的名称、数量和质量、价款、履行期限、履行地点和方式、包装方式、检验标准和方法、结算方式、合同使用的文字及其效力等条款。

【法条链接】买卖合同的条款

《民法典》第506条　买卖合同的内容一般包括标的物的名称、数量、质量、价款、履行期限、履行地点和方式、包装方式、检验标准和方法、结算方式、合同使用的文字及其效力等条款。

---

1. 标的

标的是买卖合同双方当事人权利义务指向的对象。标的条款必须清楚地写明标的的名称，标的物若为法律和行政法规禁止转让的物品，则买卖合同无效，若为法律和行政法规限制转让的物品，合同在办理相关审批手续后方可完全生效。

2. 数量和质量

标的物的数量和质量是确定买卖合同标的物的具体条件，其中标的物的数量是合同成立的必备条款。标的物的数量要确定明了，并选择双方共同接受的计量单位和双方认可的计量方法，同时应允许规定合理的磅差或尾差。标的物的质量需订得详细具体。

3. 履行期限、地点和方式

为了实现合同目的，履行期限一般应当明确具体，或者明确规定计算期限的规则或者方法。

首先，重点审查交货地点和交货期限、交货方式。

其次，对交货方式重点在分批交货的合同，要特别关注每一批次的发货时间是否具体。

履行方式，双方可选择是一次交付还是分批交付，是交付实物还是交付提取标的物的单证，或者选择铁路运输、空运还是水运等。

此外，价款、违约责任、包装方式、检验标准和方法以及结算方式已在项目二中进行了详细介绍，此处不再赘述。

（五）买卖双方的主要义务

出卖人的主要义务。一是出卖人的基本义务。依据《民法典》第598条的规定，出卖人应当履行向买受人交付标的物或者交付提取标的物的单证，并转移标的物所有权的义务。二是出卖人交付有关单证和资料的义务。依据《民法典》第599条的规定，出卖人应当按照约定或者交易习惯向买受人交付提取标的物单证以外的有关单证和资料。三是瑕疵担保义务。依据《民法典》第615条的规定，出卖人应当按照约定的质量要求交付标的物。出卖人提供有关标的物质量说明的，交付的标的物应当符合该说明的质量要求。

【法条链接】不动产物权登记的效力

《民法典》第209条 不动产物权的设立、变更、转让和消灭，经依法登记，发生效力；未经登记，不发生效力，但是法律另有规定的除外。

依法属于国家所有的自然资源，所有权可以不登记。

【法条链接】动产交付的效力

《民法典》第224条 动产物权的设立和转让，自交付时发生效力，但是法律另有规定的除外。

买受人的主要义务。一是支付价款；二是受领标的物；三是及时验货；四是通知义务。

【法条链接】买受人的检验义务

《民法典》第620条 买受人收到标的物时应当在约定的检验期限内检验。没有约定检验期限的，应当及时检验。

【法条链接】买受人的通知义务

《民法典》第 621 条第 1 款　当事人约定检验期限的，买受人应当在检验期限内将标的物的数量或者质量不符合约定的情形通知出卖人。买受人怠于通知的，视为标的物的数量或者质量符合约定。

【实务启示】

当事人对标的物的质量标准没有约定或约定不明确的，可以协议补充；不能达成补充协议的，按照合同有关条款或者交易习惯确定；仍不能确定的，出卖人交付标的物，应当具有同种物的通常标准或者为了实现合同目的该物应当具有的特定标准。

三、边学边练

表 7.1.1　"处理买卖合同实务"学生行动表现评价和反思表

典型工作环节名称	具体任务	学生行动表现评价（自评 ×30%+ 互评 ×30%+ 老师评价 ×40%）				学生行动表现反思	
		自评得分	互评得分	教师评价得分	小计得分	学生反思	教师点评
处理买卖合同实务	1. 卖方按照约定的期限、地点、数量交付标的物（25 分）						
	2. 卖方转移标的物的所有权（25 分）						
	3. 买方按照约定的数额支付价款（25 分）						
	4. 买方检验合格并受领标的物（25 分）						
签字		自评人签字：		互评人签字：		教师签字：	
最终得分						—	
累计得分						—	
对自己未来行动表现有何期待							

四、巩固练习 [1]

2021 年 3 月，在向某楼盘开发商工作人员咨询了办理银行贷款的相关事宜后，阳先生与开发商签署《商品房认购协议》及补充协议，满心期望第二年拿到房屋钥匙搬新家。没料银行以阳先生小额贷款多、收入证明不符、近期查询多等理由，拒绝了阳先生的贷款申请。于是，无力支付剩余购房款的阳先生与开发商就首付款的退还和违约金的赔偿等问题产生了争议。2021 年，阳先生向成都双流区法院提起诉讼，请求法院判令开发商退还其缴付的 32 万元购房款。请问：购房者阳先生因个人原因无法贷款要求开发商退还首付款，法院应该支持吗？

经审理查明，双方的协议约定，购房者充分了解贷款的办理条款、程序等相关信息，并且约定如无法通过贷款机构支付剩余房款，则改为一次性付款。如未在约定时间内付清房款，购房者则构成违约，出卖人有权解除本合同，并追究买受人主合同约定房屋总价款 20% 的违约金。如因不可归责于买卖双方原因而导致合同无法履行，出卖人和买受人均有权解除合同，出卖人将买受人已付购房款一次性无息退还买受人，等。

双流区法院经审理认为，阳先生作为购房人，按合同约定的支付方式向开发商支付购房款，是其基本合同义务。但在合同的实际履行中，由于阳先生自身原因导致贷款未通过，阳先生应负全部民事责任，并不属于"不可归责于买卖双方的事由"，更不适用补充协议及相关司法解释中关于因"不可归责于买卖双方的事由"导致贷款不能办理时买方可以解除合同，并要求卖方全额返还购房款的约定及规定。同时，阳先生在贷款未申请成功的情况下，也未按约定一次性支付剩余购房款，其行为已构成违约。

依照《民法典》第 509 条、《最高人民法院关于适用〈中华人民共和国民事诉讼法〉的解释》第 90 条之规定，双流区法院依法驳回了阳先生的诉讼请求。承办法官表示，本案中，阳先生逾期未支付购房款构成违约，开发商有权在扣除违约金后将剩余购房款退还给阳先生。如果违约金过高，双方可以协商调减违约金。

典型工作环节二　处理租赁合同实务

一、具体任务

（一）履行出租人的主要权利和义务

①交付租赁物并保持其约定用途。

②承担租赁物的瑕疵担保责任。

③履行租赁物的修缮义务。除当事人另有约定外，出租人有义务对租赁物进行维修。

1　王一多.购房人被银行拒贷 开发商要求赔偿 这违约金该不该给？［N］.四川法治报，2022-02-24（6）.

（二）履行承租人的主要权利义务

①按照约定使用租赁物。

②妥善保管租赁物。

③不得擅自对租赁物进行改善或增设他物。

④不得擅自转租。承租人未经出租人同意转租的，出租人可以解除合同。

⑤交付租金。

⑥返还租赁物。

二、学习资料

（一）租赁合同的概念和特征

根据《民法典》703条的规定，租赁合同是出租人将租赁物交付承租人使用、收益，承租人支付租金的合同。

【法条链接】租赁合同定义

《民法典》第703条　租赁合同是出租人将租赁物交付承租人使用、收益，承租人支付租金的合同。

首先，租赁合同是转让财产使用权的合同。承租人有权使用、收益租赁物，是签订租赁合同的主要目的，承租人取得了租赁物的使用、收益权，但不是所有权。

其次，租赁合同是有偿和诺成合同。出租人获得租金需要以转让租赁物的使用权为代价。承租人取得租赁物的使用权，需要以支付租金为代价，一方从对方取得物质利益都需要向对方付出相应的物质利益。因此，租赁合同是有偿合同。出租人和承租人双方意思表示一致，合同即成立，所以租赁合同是诺成合同。

最后，租赁合同是继续性合同。继续性合同的基本特色在于时间的长短决定总给付范围的多寡，因而有别于一次给付即可实现合同内容的一时性合同。[1]正是因为在持续不间断的租赁期内，出租人履行合同义务，承租人的合同目的得以实现。所以，租赁合同为继续性合同。

（二）租赁合同中的特定权利和主要义务

1.租赁合同中的特定权利：买卖不破租赁

在租赁合同期限内，承租人在承租、转租期间，租赁房屋所有权发生变动的，不影响租赁合同的效力。

1　王文军.论继续性合同的解除［J］.法商研究，2019（2）：159-169.

【法条链接】所有权变动不破租赁

《民法典》第725条 租赁物在承租人按照租赁合同占有期限内发生所有权变动的，不影响租赁合同的效力。

【案例速递】房主换了人，租户还能继续租住吗？

小李是承租人，租赁老王的一套房子，租期从2022年6月到2023年6月。如果在2022年9月份，老王把这套房子卖给了小王，小王要求小李从这套房子搬走，小李还能继续租住吗？

要点解析
小李可以理直气壮地说自己有权继续住在这里。因为即便这个房子的所有权人已经从老王变成了小王，小李和老王之间的房屋租赁合同仍然有效。这就是"买卖不破租赁"制度，避免了承租人因为租赁期限内承租的房屋被转卖而被迫搬走的情况，保障了承租人的租住权的稳定性。

2. 租赁合同中的主要义务

出租人的主要义务包括：交付租赁物并保持其约定用途；承担租赁物的瑕疵担保责任；对租赁物有修缮义务。除当事人另有约定外，出租人有义务对该租赁物进行维修。

承租人的主要义务包括：按照约定对租赁物进行使用、收益；保管租赁物的义务；不得擅自对租赁物进行改善或增设他物；不得擅自转租，经出租人同意的除外；按约交付租金；按时返还租赁物。

表7.2.1 租赁合同的主要义务

出租人的主要义务	承租人的主要义务
交付租赁物并保持其约定用途	按照约定对租赁物进行使用、收益
承担租赁物的瑕疵担保责任	保管租赁物的义务
对租赁物有修缮义务。除当事人另有约定外，出租人有义务对该租赁物进行维修	不得擅自对租赁物进行改善或增设他物
	不得擅自转租，经出租人同意的除外
	按约交付租金
	按时返还租赁物

【案例速递】房屋租赁合同中出租人交付义务履行的认定[1]

2014 年 7 月，贵州启才公司（以下简称"启才公司"）与贵州美盈公司（以下简称"美盈公司"）签订租赁期限为 20 年的房屋租赁合同，约定美盈公司将登记于其名下的总面积为 600 平方米的房屋出租给启才公司使用。同月，启才公司向美盈公司支付第一年租金 100 万元，启才公司法定代表人向美盈公司出具"今接收到美盈公司出租给我司的位于某处二楼营业房"的收条。

启才公司委托某装修公司进行装修，但对美盈公司享有建设工程款优先权的贵州二建工程公司阻拦和驱逐了某装修公司。二建公司称，在二建公司与美盈公司的执行和解协议中，双方已经达成由二建公司占有使用案涉房屋，直至美盈公司支付完毕欠付的工程款之日止。启才公司在装修受阻之后一直未能实际占有使用案涉房屋。2017 年，法院通过执行程序将案涉房屋以物抵债给二建公司，启才公司随即向法院起诉要求解除与美盈公司的《房屋租赁合同》，并退还已支付的一百万元租金，赔偿违约金。

本案的争议焦点在于启才公司的法定代表人出具的接收案涉租赁房屋的收条以及启才公司对案涉租赁房屋的短暂装修，能否视为美盈公司已履行完毕房屋交付义务？

1. 美盈公司的交付义务并未完成。房屋租赁合同作为典型的继续性合同，其履行是在一定的继续时间内完成，而不是一时或一次完成。本案中，虽然启才公司的法定代表人已向美盈公司出具收到房屋的收条，并开始对案涉租赁房屋进行装修，但并不能说明美盈公司交付租赁房屋的义务已履行完毕，因为启才公司与美盈公司约定的租赁期限为 20 年，故美盈公司应保证在 20 年内启才公司对案涉房屋享有占有、使用、收益的权利。启才公司仅在装修的数日里占有案涉租赁房屋，而后即遭房屋有权占有人二建公司阻拦和驱逐，未能继续占有使用案涉房屋，而后该案涉房屋也一直由二建公司实际占有使用，故美盈公司的交付义务并未完成。

2.《民法典》第 708 条规定，出租人应当按照约定将租赁物交付承租人，并在租赁期限内保持租赁物符合约定的用途。本案中，因美盈公司拖欠二建公司的建设工程款，后双方协商由二建公司占有使用案涉房屋，美盈公司在明知无法交付案涉房屋情况下仍与启才公司签订房屋租赁合同，显然违反了民法典第 708 条，更有悖于诚实信用原则。

1　舒金曦.房屋租赁合同中出租人交付义务履行的认定——贵阳中院再审判决启才公司诉美盈公司房屋租赁合同纠纷案［N］.人民法院报，2021-08-26（7）.

3.启才公司享有法定解除权，美盈公司应承担履行不能的违约责任。民法典第703条规定，租赁合同是出租人将租赁物交付承租人使用、收益，承租人支付租金的合同。本案中，启才公司对案涉房屋的占有、使用的合同目的无法得以实现，启才公司当然享有民法典第563条第1款规定的法定解除权。同时，根据《全国法院民商事审判工作会议纪要》第49条的规定，合同解除时，一方依据合同中有关违约金、约定损害赔偿的计算方法、定金责任等违约责任条款的约定，请求另一方承担违约责任的，人民法院依法予以支持。故美盈公司还应按照房屋租赁合同的约定赔偿违约金。

（三）租赁合同的主要条款

租赁合同的内容一般包括租赁物的名称、数量、用途、租赁期限、租金及其支付期限和方式、租赁物维修等条款。

1.签订租赁合同时容易出现的合同漏洞

第一，对租赁标的物约定不明确，尤其是对租赁房屋的数量（合同约定租赁面积和实际租赁使用面积的误差，决定着租金的多退少补）和质量（房屋租赁前后的状况，决定着交付房屋前后的修缮义务）约定不明确导致的纠纷。

第二，对租赁房屋的使用用途约定不明确，承租人对租赁房屋进行超负荷、掠夺性的任意使用，致使租期届满后租赁房屋的租赁状况堪忧，甚至无法继续合理使用。比如承租者开设娱乐场所或者餐饮行业，通宵24小时营业，可能侵犯邻居的利益，造成极其恶劣的影响。

第三，租赁房屋的维护义务和修缮义务约定不明确，导致合同解除时的保证金退费产生纠纷。根据合同法有关规定，一般应由出租人负责维修和保养，但当事人另有约定的除外。

【法条链接】租赁合同主要内容

《民法典》第704条　租赁合同的内容一般包括租赁物的名称、数量、用途、租赁期限、租金及其支付期限和方式、租赁物维修等条款。

2.明确约定违约情形和条款

在合同履行过程中常见的违约情形主要有：①出租人不按合同规定的时间交付租赁房屋，或者交付的房屋有瑕疵。实践中往往表现为迟延履行，或者履行有瑕疵，损害承租人的利益（停水断电、道路不畅、场地不清等）；②出租人不履行合同规定的维修和保养义务。③承租人不按合同约定支付租金，主要是迟延交付；④承租人擅自改变租赁房屋的现状；⑤承租人擅自将租赁房屋变相转租、转让、变相合租等；⑥承租人逾期不返还租赁房屋，或拒腾房；（7）出租人利用租赁房屋套取押金、保证金、转让费等。

【案例速递】老人收回房屋自住，要赔钱？ [1]

钟某某同某中介公司在 2016 年 12 月签署了一份为期 5 年的租赁合同，在补充条款中双方约定，合同期满，如钟某某不出售该房屋，中介有权再续租 3 年。钟某某违反约定，比如不想继续出租，就属违约行为，应向中介公司支付违约金 20 万元。该合同于 2021 年 12 月底到期，钟某某想期满后收回房屋自己居住，但告知中介时，中介以钟某某违反合同约定为由，要求支付 20 万元违约金。

对于本案涉及的房屋租赁合同，针对补充条款"如钟某某不出售该房屋，中介有再续租三年的权利"，已由钟某某在该条款后方摘抄确认，可以认为格式合同提供方某中介公司已尽到了提醒注意的义务，且该合同在订立时双方当事人具有相应的民事行为能力，意思表示真实，且不违反法律和社会公共利益，符合《民法典》规定的合同生效要件。据此，钟某某与中介公司的合同合法有效，钟某某应当根据合同约定，合同期满后如不出售房屋，应继续出租给中介公司，否则应当支付 20 万元的违约金。

【实务启示】

现在的租房市场，老百姓一般都会委托中介公司打理。而房主与中介公司签订的房屋租赁合同一般为格式合同，所以房东在出租房屋时务必要仔细审阅里面的条款，特别是需要摘抄确认的部分，严肃对待合同的签名行为。若经提醒进行了摘抄确认，根据合同的意思自治原则，后续产生的相关违约责任需自行承担。

---

1 金勇.老人收回房屋自住，要赔钱？［N］.上海法治报，2022-04-12（002）.

三、边学边练

表 7.2.2　"处理租赁合同实务"学生行动表现评价和反思表

典型工作环节名称	具体任务	学生行动表现评价（自评 ×30%+ 互评 ×30%+ 老师评价 ×40%）				学生行动表现反思	
		自评得分	互评得分	教师评价得分	小计得分	学生反思	教师点评
处理租赁合同实务	1.确定出租人的主要义务（25分）						
	2.确定承租人的主要义务（25分）						
	3.拟定租赁合同（25分）						
	4.签订租赁合同（25分）						
签字		自评人签字：		互评人签字：		教师签字：	
最终得分						—	
累计得分						—	
对自己未来行动表现有何期待							

四、巩固练习

丁某将其所有的房屋出租给方某，方某将该房屋转租给唐某。下列哪些表述是正确的？

A. 丁某在租期内基于房屋所有权可以对方某主张返还请求权，方某可以基于其与丁某的合法租赁关系主张抗辩权。

B. 方某未经丁某同意将房屋转租，并已实际交付给唐某租用，则丁某无权请求唐某返还房屋。

C. 如丁某与方某的租赁合同约定，方某未经丁某同意将房屋转租，丁某有权解除租赁合同，则在合同解除后，其有权请求唐某返还房屋。

D. 如丁某与方某的租赁合同约定，方某未经丁某同意将房屋转租，丁某有权解除租赁合同，则在合同解除后，在丁某向唐某请求返还房屋时，唐某可以基于与方某的租赁关系进行有效的抗辩。

A 项，丁某为所有权人，方某为承租人，所以丁某可以主张所有权人的返还请求权；但方某占有房屋是基于租赁合同的有权占有，因而可以以之抗辩丁某的返还请求权，A 项正确。

B 项，丁某为所有权人，方某为承租人，唐某为次承租人，唐某虽然可以基于租赁合同主张有权占有，但此有权占有只能向出租人方某而不能向所有权人丁某主张，此即占有的相对性（此有权占有的本权为租赁合同，因合同的相对性，该占有亦具有相对性）。因此，在面对所有权人的时候，唐某不能主张有权占有的抗辩，丁某有权请求其返还房屋，BD 项错误。

C 项，当丁某解除与方某的合同之后，方某和唐某面对丁某均为无权占有，故丁某可以主张返还房屋，C 项正确。

综上所述，本题答案为 A、C 项。

典型工作环节三　处理借款合同实务

一、具体任务

（一）约定借款合同双方当事人的权利义务

（二）履行贷款人的交付借款义务

①按照合同的约定按时向借款人交付借款。

②借款的利息不得预先在本金中扣除。利息预先在本金中扣除的，应当按照实际借款数额返还借款并计算利息。

借据、收据、欠条等债权凭证载明的借款金额，一般应认定为本金。

图 7.3.1　借款金额的认定方法

（三）监督、检查借款的使用情况

贷款人按照约定可以检查、监督借款的使用情况。借款人应当按照约定向贷款人定期提供有关财务会计报表或者其他资料。

（四）履行借款人的义务

①按照合同约定的时间和数额收取借款。

②接受贷款人的用款监督，向贷款人提供必要的资料。

③按照合同约定的贷款用途使用借款。

④按照合同约定的还款期限和方式及时偿还借款。

⑤按照合同约定的利率和期限支付利息。

二、学习资料

（一）借款合同的概念和特征

借款合同是借款人向贷款人借款，到期返还借款并支付利息的合同。

【法条链接】借款合同的定义

《民法典》第 667 条　借款合同是借款人向贷款人借款，到期返还借款并支付利息的合同。

自然人之间的借款合同约定支付利息的，借款的利率不得违反国家有关限制借款利率的规定。

《民法典》第 680 条规定，禁止高利放贷，借款的利率不得违反国家有关规定。借款合同对支付利息没有约定的，视为没有利息。借款合同对支付利息约定不明确，当事人不能达成补充协议的，按照当地或者当事人的交易方式、交易习惯、市场利率等因素确定利息；自然人之间借款的，视为没有利息。

（二）借款合同的特征

借款合同具有以下法律特征：

①借款合同的标的物为货币。

②借款合同是转移金钱所有权的合同。

③借款合同可以是有偿合同，也可以是无偿合同。

④借款合同是诺成合同，但自然人之间的借款合同为实践性合同。

《民法典》第 679 条规定自然人之间的借款合同，自贷款人提供借款时成立。

也就是说，自然人之间的借款合同，其性质是实践性合同，自贷款人提供借款时成立，也就是贷款人将借款交付给借款人时借款合同成立。

《民法典》规定的是自然人之间的借款合同，那么其他法人、非法人组织之间，以及法人或者非法人组织与自然人之间的借款合同，都是诺成合同，而不是实践合同，不适用本条规定。

【实务启示】

在民间借贷关系中需要注意，借款人与贷款人间签订的书面约定应为借条，并非欠条，借条在法律中属于双方借贷关系的证明，但欠条不能证明双方一定为借贷关系。

⑤借款合同为双务合同。

⑥金融机构借款合同为要式合同，但自然人之间的借款合同为不要式合同。

如果双方决定产生借贷关系并希望写一份合法有效的借条，需要关注以下几点：a.借条的必备要件：双方的姓名和身份证信息；b.借款金额及交付方式：现金交付、银行转账或微信、支付宝等其他方式；c.还款期限：具体还款日期或借款使用时间；d.利息：若双方在规定借款时有利息，应在借条中明确具体利率。

自然人借款合同的成立日期，也就是借款利息的起算点。

（三）借款合同的一般条款

根据《民法典》第 668 条第 2 款的规定，借款合同的内容一般包括借款种类、币种、用途、数额、利率、期限和还款方式等条款。

1. 借款合同没有约定借款利息的处理方式

问：在借条中，没有约定借款利息，借款到期后对方按期还款，出借人是否可以向借款人主张借款利息？

答：《民法典》680 条第 2 款规定："借款合同对支付利息没有约定的，视为没有利息。"

问：在借条中，没有约定借款利息，借款到期后对方没有按期还款，出借人是否可以主张逾期利息？

答：《民法典》第 676 条规定："借款人未按照约定的期限返还借款的，应当按照约定或者国家有关规定支付逾期利息。"

问：逾期利息应如何计算？

答：对于金融机构的借款，根据《中国人民银行关于人民币贷款利率有关问题的通知》（银发〔2003〕251 号）的规定，逾期贷款的罚息利率是在借款合同载明的贷款利率水平上加收 30%~50%，如果借款人未按合同约定用途使用借款的罚息利率，在借款合同载明的贷款利率水平上加收 50%~100%。对逾期或未按合同约定用途使用借款的贷款，从逾期或未按合同约定用途使用贷款之日起，按罚息利率计收利息，直至清偿本息为止。对不能按时支付的利息，按罚息利率计收复利。

《最高人民法院关于审理民间借贷案件适用法律若干问题的规定》（2020 第二次修正）第 28 条规定："借贷双方对逾期利率有约定的，从其约定，但是以不超过合同成立时一年期贷款市场报价利率四倍为限。未约定逾期利率或者约定不明的，人民法院可以区分不同情况处理：（一）既未约定借期内利率，也未约定逾期利率，出借人主张借款人自逾期还款之日起参照当时一年期贷款市场报价利率标准计算的利息承担逾期还款违约责任的，人民法院应予支持；（二）约定了借期内利率但是未约定逾期利率，出借人主张借款人自逾期还款之日起按照借期内利率支付资金占用期间利息的，人民法院应予支持。"

2. 从借款人的立场看借款利息的规定

问：在借条中，借款利息如何约定？

答：《民法典》第 680 条第 1 款规定："禁止高利放贷，借款的利率不得违反国家有关规定。"

问：在借条中，约定的借款利息过高，怎么办？

答：《最高人民法院关于审理民间借贷案件适用法律若干问题的规定》（2020 第二次修正）第 25 条规定："出借人请求借款人按照合同约定利率支付利息的，人民法院应予支持，但是双方约定的利率超过合同成立时一年期贷款市场报价利率四倍的除外。"前款所称"一年期贷款市场报价利率"，是指中国人民银行授权全国银行间同业拆借中心自 2019 年 8 月 20 日起每月发布的一年期贷款市场报价利率。

问：在借条约定的还款期限前，若借款人提前还款，借款利息应如何计算？

答：《民法典》第 677 条规定："借款人提前返还借款的，除当事人另有约定外，应当按照实际借款的期间计算利息。"

问：支付利息的期限如何确定？

答：《民法典》第 674 条规定："借款人应当按照约定的期限支付利息。对支付利息的期限没有约定或者约定不明确，依据本法第五百一十条的规定仍不能确定，借款期间不满一年的，应当在返还借款时一并支付；借款期间一年以上的，应当在每届满一年时支付，剩余期间不满一年的，应当在返还借款时一并支付。"

（四）认定自然人之间的借款合同的成立

根据《最高人民法院关于审理民间借贷案件适用法律若干问题的规定》第 9 条，自然人之间的借款合同具有下列情形之一的，可以视为合同成立。

表 7.3.1　自然人之间借款合同的成立

以现金支付的，自借款人收到借款时
以银行转账、网上电子汇款等形式支付的，自资金到达借款人账户时
以票据交付的，自借款人依法取得票据权利时
出借人将特定资金账户支配权授权给借款人的，自借款人取得对该账户实际支配权时
出借人以与借款人约定的其他方式提供借款并实际履行完成时

【实务启示】

为了保障自己的债权，建议出借款要通过银行、支付宝、微信给付，如果款项由他人代收的，应当在借款合同中写明代收人身份，避免借款人事后否认收到借款。

三、边学边练

表 7.3.2　"处理借款合同实务"学生行动表现评价和反思表

典型工作环节名称	具体任务	学生行动表现评价（自评 ×30%+ 互评 ×30%+ 老师评价 ×40%）				学生行动表现反思	
		自评得分	互评得分	教师评价得分	小计得分	学生反思	教师点评
处理借款合同实务	1. 约定借款合同双方当事人的权利义务（20分）						
	2. 履行贷款人的交付借款义务（30分）						
	3. 监督、检查借款的使用情况（30分）						
	4. 履行借款人的义务（20分）						
签字		自评人签字：			互评人签字：		教师签字：
最终得分						—	
累计得分						—	
对自己未来行动表现有何期待							

四、巩固练习

1. 夫妻之间能否形成借贷关系？

夫妻间可以形成借贷关系，是否形成需考虑双方对婚内财产是否有约定或协议；没有约定的，不形成借贷关系；有约定或协议，在夫妻财产分明的情况下，双方的借贷关系才可能成立。

2. 自然人甲与乙签订了年利率为 10%、为期 1 年的 1 000 万元借款合同。后双方又签订了房屋买卖合同，约定："甲把房屋卖给乙，房款为甲的借款本息之和。甲须在一年内以该房款分 6 期回购房屋。如甲不回购，乙有权直接取得房屋所有权。"乙交付借款时，甲出具收到全部房款的收据。后甲未按约定回购房屋，也未把房屋过户给乙。因房屋价格上涨至 3 000 万元，甲主张偿还借款本息。下列哪些选项是正确的？

A. 甲、乙之间是借贷合同关系，不是房屋买卖合同关系。

B. 乙不能获得房屋所有权。

C. 因甲未按约定偿还借款，应承担违约责任。

甲、乙二人最先签订的是一份借贷协议，约定由乙向甲提供1 000万元的贷款。随后，二人又签订了一份房屋买卖合同，约定甲将房屋出售给乙，房款即为甲的借款。但同时，该买卖合同中同时约定甲应当回购房屋。实际上，第二份房屋出售协议是甲、乙二人之间签订的担保合同，目的是担保甲的还款义务。因此，甲、乙双方的真实意思是借款而非房屋买卖，应当承认双方的法律关系为借款，A正确。甲、乙之间真实意思是借款，不存在房屋买卖关系，乙不能获得房屋所有权，B正确。甲、乙之间的借款合同成立，甲未能在约定期限内还款，应承担违约责任，C正确。综上，本题选ABC。

典型工作环节四　处理承揽合同实务

一、具体任务

（一）完成约定的工作并交付工作

承揽人依照定作人的要求完成一定工作，并向定作人交付工作成果。

（二）接受定作人必要的监督检查

在承揽期间，定作人有权对承揽人的工作进行监督和检验。

（三）协助承揽人完成工作

承揽人需要定作人协助时，定作人应当予以协助。比如须由定作人提供原材料、零配件、设计图纸、技术要求、技术资料、样品及工作场所等。

（四）对承揽人完成的工作成果进行验收并接受

（五）辨析典型的承揽合同

修理机器设备、修车、修手表等一类；理发、照相等一类；打印装订、标牌制作等一类；定制服装、鞋帽、家具等，都是日常生活中的承揽合同。

二、学习资料

承揽合同是承揽人按照定作人的要求完成工作，交付工作成果，定作人支付报酬的合同。

【法条链接】承揽合同定义

《民法典》第770条　承揽合同是承揽人按照定作人的要求完成工作，交付工作成果，定作人支付报酬的合同。

（一）承揽合同的当事人

承揽合同的主体是承揽人和定作人。自然人、法人以及其他组织都能成为承揽人和定作人。承揽人应当按照定作人指示，凭借自身的设备、技术和能力，完成特定工作。定作人依照约定接受承揽工作成果并支付报酬。

（二）承揽合同的标的

承揽合同的标的是承揽人根据定作人的要求所完成的特定工作。定作人对工作质量、数量、规格、形状等的要求使承揽标的物特定化，使它同市场上的物品有所区别，以满足定作人的特殊需要。

（三）承揽合同的常见种类

表 7.4.1　承揽合同常见种类

种类名称	基本含义 [1]	主要特色
加工合同	指定作人向承揽人提供原材料，承揽人以自己的技能、设备和工作，为定作人进行加工，将原材料加工成符合定作人要求的成品并交付定作人，定作人接受该成品并向承揽人支付报酬的合同	既有生产性加工，如设备加工；也有生活性加工，如裁缝；艺术性加工，如图画加工等
定作合同	由承揽人自己准备原料，并以自己的技术、设备和工艺对原料进行加工，按定作人的要求制成特定产品，将该产品交付给定作人，定作人接受该产品并向承揽人支付报酬的合同	加工合同的材料必须由定作人提供而不能由承揽人自备。定作合同的材料由承揽人提供
修理合同	指定作人将损坏的物品交给承揽人，由承揽人负责将损坏物品以自己的技术、工作修理好后归还给定作人，定作人接受该工作成果并向承揽人支付报酬的合同	标的物为动产和不动产
复制合同	指承揽人依定作人的要求，将定作人提供的样品重新依样制作成若干份，定作人接受该复制品并向承揽人支付报酬的合同	复印文稿，刻录光盘、也包括应文物部门要求复制文物用以展览
测试合同	指承揽人依定作人的要求，以自己的技术、仪器设备以及自己的工作，为定作人指定的项目进行测试，并将测试结果交付给定作人，定作人接受其成果并向承揽人支付报酬的合同	
检验合同	指承揽人按照定作人的要求，对定作人提出的需要检验的内容，以自己的设备、仪器、技术等进行检验，并向定作人提供关于该检验内容相关问题的结论，定作人接受这结论并向承揽人支付报酬的合同	

1　王利明，杨立新，王轶，等.民法学：下［M］.北京：法律出版社，2020：816.

（四）承揽合同与相关合同的区分

1. 承揽合同的特殊权利义务

第一，定作人享有随时解除合同权。

根据《民法典》第 787 条的规定，在承揽人完成工作前，定作人有权随时解除合同，如果造成承揽人损失的，应当赔偿损失。

第二，承揽人独立承担侵权责任。

根据《民法典》第 1193 条规定，承揽人完成工作过程中造成第三人损害或者自己损害的，定作人不承担侵权责任。但是定作人对定作、指示或者选任有过错的，应当承担相应的责任。

第三，承揽人对工作成果享有留置权。

当定作人未向定作人支付报酬或其他价款的，承揽人对已经完成的工作成果享有留置权。

【法条链接】定作人未履行付款义务时承揽人权利

《民法典》第 783 条　定作人未向承揽人支付报酬或者材料费等价款的，承揽人对完成的工作成果享有留置权或者有权拒绝交付，但是当事人另有约定的除外。

第四，承揽人完成工作具有独立性。

承揽人凭借自身的能力、技术、工作条件等获得定作人的信任，所以合同的成立意味着，只有承揽人本人才能胜任并完成工作任务。承揽人如果将主要义务交由第三人完成，违反全面履行原则，应负违约责任，但是当事人另有约定的除外。

【案例速递】容某与程某之间的承揽合同纠纷[1]

2020 年 6 月 12 日，容某与程某达成口头约定：容某将其位于花山镇红群村 12 队的房屋外墙装修工程交给程某作业，工程完工之日容某需向程某支付 6.07 万元工程款。2021 年 1 月 8 日，该工程完工。容某以房屋外墙装修工程存在质量问题为由，仅向程某支付 4 万元，拒不支付剩余的 2.07 万元。程某多次催收未果，遂手抱煤气罐冲上容某房屋 3 楼楼顶，以跳楼威胁容某支付剩余款项。

法律分析
1. 容某与程某之间承揽合同关系成立了吗？
容某与程某达成约定，由程某对荣某的房屋进行外墙装修，完工即支付工程款。容某将房屋交给程某装修后不参与施工过程，程某在工作中有较大的独立性。因此，本案中，容某与程某之间的法律关系应认定为承揽合同关系。

1　花都区司法局. 人民调解案例分析 | 容某与程某之间的承揽合同纠纷［EB/OL］.（2022-03-18）［2022-07-01］. 花都司法微信公众号.

法律分析
2.容某与程某双方达成的口头约定合法有效。
荣某与程某的口头约定发生于民法典施行之前。程某与荣某采用口头形式约定，合同即时成立，而依法成立的合同自成立时生效。双方平等自愿协商一致，不属于合同无效情形，双方达成的口头约定应合法有效。
3.容某怎么维权？
既然承揽合同合法有效，因此容某应向程某履行支付报酬的义务。程某交付的装修成果不符合质量要求，容某可合理选择请求程某承担修理、重作、减少报酬、赔偿损失等违约责任。
最终经过司法局的调解，容某同意支付2万元。

2.承揽合同与建筑工程合同的区别

《民法典》第770条第2款规定，承揽包括加工、定作、修理、复制、测试、检验等工作。而建设工程则包括建设房屋、公路、铁路、桥梁、隧洞、水库工程等，一般是指土木建筑工程和建筑业范围内的线路、管道、设备安装工程的新建、扩建、改建及大型的建筑装修装饰活动。从现有的司法实践来看，对两者的区分问题通常转化为如何界定建设工程的问题，即从承揽工作内容出发，承揽建设工程的为建设工程合同，承揽其他工作的为承揽合同。[1]

《建设工程质量管理条例》第2条第2款规定："本条例所称建设工程，是指土木工程、建筑工程、线路管道和设备安装工程及装修工程。"

【法条链接】建设工程的种类

《建设工程质量管理条例》第2条第2款　本条例所称建设工程，是指土木工程、建筑工程、线路管道和设备安装工程及装修工程。

由此可见，土木工程、建筑工程应指比较大型而复杂的建筑等建设工程。一般建设项目，如为个人或家庭安装阳光房及玻璃、门窗等而订立的合同，认定为承揽合同则更符合法律规定。

一是主体上的差异。法律对建设工程合同的发包人和承包人的主体资格均有严格的限制。发包人一般是经过批准的建设工程的单位，而承包人是具有从事勘察、设计、

---

[1] 广州仲裁委员会.如何区分建设工程合同与承揽合同？［EB/OL］.（2020-07-13）［2022-07-31］.广州仲裁委员会微信公众号.

建筑、安装资格的民事主体。一般承揽合同的承揽人具备一定的资质条件即可，承揽人和定作人均可以是自然人、法人和其他组织。

二是建设工程合同具有较强的国家管理性。[1] 从事工程建设，会牵涉建设用地、市政规划、建筑质量监督、安全生产监督、环境保护等多个领域，更需要行政部门的监管。

3. 承揽合同和委托合同的主要区别

承揽合同和委托合同的区别主要表现在承揽关系或委托关系中的侵权责任的承担不同。实践中就存在可能既为委托又为承揽的合同关系，对此，本书建议一般情况下，将合同类型定性为承揽合同更有利于保护定作人利益。《民法典》第 919 条规定，委托合同是委托人和受托人约定，由受托人处理委托人事务的合同。第 930 条规定，受托人处理委托事务时，因不可归责于自己的事由受到损失的，可以向委托人请求赔偿损失。根据《民法典》第 1193 的规定，一般情况下，对承揽人在完成工作过程中造成自己或第三人损害的，定作人不承担责任；而在委托合同关系中，存在需对委托事务中存在的损失承担赔偿责任的风险。作为定作人一方，表 7.4.2 列举了承揽合同和委托合同的主要区别。[2] 所以，作为定作人一方，所承担的侵权责任要稍小一些。

表 7.4.2　承揽合同和委托合同的主要区别

比较项目	承揽合同	委托合同
合同双方	定作人——承揽人	委托人——受托人
对主体资质的要求	承揽人通常须具备一定的资质条件	受托人只要符合委托人的要求即可
以谁的名义履行合同	承揽人以自己的名义履行	受托人以委托人的名义履行
法律关系	承揽人与定作人双方关系	委托人、受托人和第三人三方关系
法律地位	承揽人具有独立地位	受托人独立处理委托人事务
合同标的	定作物具有特定性和不可更换性	处理一定事务，注重的是处理事务的过程
是否有偿	有偿合同	有偿 / 无偿，当事人约定
付款依据	必须按约完成工作成果	按约完成委托事务，不管有无预期成果
合作方式	承揽人可以仅出劳动工具，也可包工包料	受托人仅提供劳务，其他一切费用由委托人承担
风险承担	承揽人独立承担完成工作任务过程中的风险和责任	受托人虽直接处理事务，但由委托人承担风险和责任

1　王利明.民法:下［M］.8 版.北京:法律出版社，2020:271.
2　太仓市同维电子有限公司.一张图,看懂承揽合同与委托合同的区别［EB/OL］.（2018-12-18）［2022-05-04］.太仓市同维电子有限公司微信公众号.

【案例速递】到底是承揽合同还是委托合同？ [1]

A、B公司签订《围墙维修委托合同》一份，合同约定：A公司委托B公司为其维修其厂区外围的围墙。维修过程中，B公司员工小张不慎掉落砖块，正巧砸中过路的行人李某，导致李某头部受伤，花费医疗费若干。事后，李某起诉A、B公司以及小张，要求三方对其承担连带赔偿责任。

争议焦点
本案合同的性质，是承揽合同还是委托合同？A公司和B公司谁应当承担责任？关键在于明确合同性质。如系委托合同，A公司作为委托人，应承担相应责任；如系承揽合同，B公司作为承揽人，应独立承担对第三人的损害责任。
实务结论
本案中，B公司为A公司维修其厂区外围的围墙，提供的是将A公司的围墙维修完好的劳动成果，具有明显的承揽特征，A、B公司间的法律关系应为承揽合同关系。故对于李某的人身损害，应由作为承揽人的B公司承担全部责任，作为定作人的A公司不承担任何责任，作为B公司的员工张某因不存在故意或重大过失，亦不承担责任。

实务启示

本案中，A、B公司之间本是承揽合同关系，只因签订合同时将合同名称写成了"委托"，从而产生误解和争议。可见，合同的名称很重要。当一份合同的名称与其约定的具体内容不一致时，应当以合同中约定的内容为准，来认定各方当事人的法律关系。在签订合同时，双方当事人应明确合同性质，做到合同名称与合同内容名实相符，避免给合同的履行带来不必要的麻烦。

（五）承揽合同的一般条款

根据《民法典》第770条第2款的规定，承揽合同的标的是提供加工、定作、修理、复制、测试和检验等服务。

根据《民法典》第771条的规定，承揽合同的内容一般包括承揽的标的、数量、质量、报酬，承揽方式，材料的提供，履行期限，验收标准和方法等条款。

1　法务部.一张图，看懂承揽合同与委托合同的区别.［EB/OL］.（2018-12-18）［2022-08-01］.太仓市同维电子有限公司微信公众号.

三、边学边练

表 7.4.3　"处理承揽合同实务"学生行动表现评价和反思表

典型工作环节名称	具体任务	学生行动表现评价（自评 ×30%+ 互评 ×30%+ 老师评价 ×40%）				学生行动表现反思	
		自评得分	互评得分	教师评价得分	小计得分	学生反思	教师点评
处理承揽合同实务	1.完成约定的工作并交付工作成果(25分)						
	2.接受定作人必要的监督检查(25分)						
	3.协助承揽人完成工作（25分）						
	4.对承揽人完成的工作成果进行验收并接受（25分）						
签字		自评人签字：			互评人签字：		教师签字：
最终得分						—	
累计得分						—	
对自己未来行动表现有何期待							

四、巩固练习

张某与甲家具厂签订一项承揽合同,双方约定由甲家具厂为张某定作 1 套实木橱柜,张某提供图纸,甲家具厂提供材料,期限 3 个月,无其他约定。根据合同法律制度的规定,下列表述正确的有（　　）。

A. 张某有权检验甲家具厂提供的材料是否符合约定

B. 若张某中途变更设计图纸,造成甲家具厂损失 3 万元,张某应赔偿损失

C. 若甲家具厂按约完成橱柜,而张某未向甲家具厂按约支付报酬,甲家具厂可以留置橱柜

D. 甲家具厂可随时解除承揽合同,给张某造成损失的,应当赔偿损失

定作人可随时解除承揽合同,造成承揽人损失的,应当赔偿损失。本题中,张某作为定作人,有权随时解除合同,而甲家具厂无权随时解除合同。所以选项 D 错误,A、B、C 三项正确。

典型工作环节五　处理赠与合同实务

一、具体任务

（一）履行赠与人的义务

赠与人依照约定将赠与财产转移给受赠人。

（二）辨析附义务的赠与

商家常用买一送一的促销手段答谢消费者，这些赠品是什么性质呢？

消费者要获得商家促销的赠品，需要购买一定金额的商品。所以，商家的此类促销中赠与是附义务或有条件的。

（三）行使赠与人的撤销权

赠与人撤销的通知到达受赠人时即发生撤销的效力。

二、学习资料

赠与合同是指赠与人将自己的财产无偿给予受赠人，受赠人表示接受该赠与的财产的合同。在赠与合同中，转让的财产为赠与物，转让财产的一方为赠与人，接受财产的一方为受赠人。

（一）赠与合同的特征

①赠与合同为诺成合同。

②赠与合同为单务合同。赠与合同中赠与人承担将财产权利转移给受赠人的义务，受赠人并不承担对待给付义务。

③赠与合同为无偿合同。受赠人取得赠与物无须给付任何对价。

（二）赠与合同的效力

赠与合同为单务合同，仅赠与人一方负担合同义务。赠与合同的效力主要是指赠与合同对赠与人的效力。赠与人的主要义务如下。

1. 转移赠与物的义务

赠与人的主要义务是依照合同约定的期限、地点、方式、标准将标的物转移给受赠人。赠与的财产依法需要办理登记等手续的，应当办理有关手续。

2. 瑕疵担保义务

赠与合同中，一般不要求赠与人承担瑕疵的担保义务。但有如下两种例外：

①在附义务赠与中，赠与的财产有瑕疵的，赠与人在附义务的限度内承担与出卖人相同的违约责任。

【法条链接】赠与人瑕疵担保责任

《民法典》第 662 条　赠与的财产有瑕疵的，赠与人不承担责任。附义务的赠与，赠与的财产有瑕疵的，赠与人在附义务的限度内承担与出卖人相同的责任。

赠与人故意不告知瑕疵或保证赠与物无瑕疵，造成受赠人损失的，应当承担损害赔偿责任。

②赠与人故意不告知瑕疵或保证赠与物无瑕疵，造成受赠人损失的，应当承担损害赔偿责任。

（三）赠与合同的终止

1. 赠与合同的任意撤销

在赠与财产的权利转移之前，赠与人有权依其意思任意撤销赠与合同。但根据《民法典》第 658 条的规定，在具有救灾、扶贫等社会公益、道德义务性质的赠与合同和经过公证的赠与合同中，赠与人不得任意撤销赠与合同。

【案例速递】公开承诺赠与能撤销吗？

霜木林和孙大某是好朋友，霜木林口头答应买了新车后将自己的旧轿车送给孙某。由于霜木林生意惨淡无力购买新车，便拒绝履行承诺。霜木林的做法合理吗？

> 合理。根据《民法典》第 658 条第 1 款的规定，赠与人在赠与财产的权利转移之前可以撤销赠与。
>
> 第 2 款规定，经过公证的赠与合同或者依法不得撤销的具有救灾、扶贫、助残等公益、道德义务性质的赠与合同，不适用前款规定。

【实务启示】

公益赠与合同不能撤销。根据《民法典》第 660 条的规定，经过公证的赠与合同或者依法不得撤销的具有救灾、扶贫、助残等公益、道德义务性质的赠与合同，赠与人不交付赠与财产的，受赠人可以请求交付。

2. 赠与合同的法定撤销

在赠与合同中，赠与财产的权利转移之后，赠与人即丧失了任意撤销赠与合同的权利。

但是，根据《民法典》第 663 条第 1 款的规定，在以下条件具备时，赠与人可以撤销赠与：

①受赠人严重侵害赠与人或者赠与人的近亲属的。

②受赠人对赠与人有扶养义务而不履行的。

③受赠人不履行赠与合同约定的义务的。

3. 赠与人的履行抗辩

《民法典》第 666 条规定，赠与人的经济状况明显恶化，严重影响其生产经营或者家庭生活的，可以解除赠与合同，不再履行赠与义务。该合同解除不发生溯及既往的效力，赠与人就原已履行的赠与，无权要求受赠人返还。

三、边学边练

表 7.5.1 "处理赠与合同实务"学生行动表现评价和反思表

典型工作环节名称	具体任务	学生行动表现评价（自评 ×30%+ 互评 ×30%+ 老师评价 ×40%）				学生行动表现反思	
		自评得分	互评得分	教师评价得分	小计得分	学生反思	教师点评
处理赠与合同实务	1. 履行赠与人的义务（35分）						
	2. 辨析附义务的赠与（30分）						
	3. 行使赠与人的撤销权（35分）						
签字		自评人签字：		互评人签字：		教师签字：	
最终得分						—	
累计得分						—	
对自己未来行动表现有何期待							

四、巩固练习

甲欠丙 800 元到期无力偿还，乙替甲还款，并对甲说："这 800 元就算给你了。"甲称将来一定奉还。事后甲还了乙 500 元。后二人关系闹僵，乙要求甲偿还余款 300 元，甲则以乙已送自己 800 元为由要求乙退回 500 元。下列哪一种说法是正确的？

A. 甲应再还 300 元。

B. 乙应退回 500 元。

C. 乙不必退回甲 500 元，甲也不必再还乙 300 元。

D. 乙应退还甲 500 元及银行存款同期利息。

要点解析
1. 赠与合同的成立，需要经历要约和承诺过程。赠与要约与接受赠与的承诺未达成一致，赠与合同不成立。
2. 从题干提供的信息来看，乙的行为属于代为清偿，进一步而言，是以赠与的意思而为清偿，但赠与并非单方法律行为，而是一种合同关系，需要得到受赠人认可，否则不成立赠与合同。本题中，甲称"将来一定奉还"，实际上是拒绝了赠与。因此甲乙之间赠与合同未能成立，甲应向乙返还 800 元。由于甲已经偿还了 500 元，还剩下 300 元。A 对，B、C、D 错。

典型工作环节六　处理旅游服务合同实务

一、具体任务

（一）区分地接社和组团社

北京皇城旅行社采购北京赴昆明往返机票，并与昆明泉水清旅行社签署合同，委托昆明泉水清旅行社提供当地接待服务，形成"云南 7 日游"产品。北京帝都旅行社售卖皇城旅行社的旅游产品，旅游者与帝都旅行社签订《国内组团旅游合同》，购买"云南 7 日游产品"。请问以上案例中，谁是组团社？

案例中与旅游者订立包价旅游合同的是帝都旅行社，所以帝都旅行社是组团社。

（二）知晓旅游辅助人的服务种类

由旅行社或者酒店、景点单独或联合提供交通、住宿、餐饮、游览、娱乐等旅游服务。

（三）辨析包价旅游合同和委托代订合同

两者的主要区别在于旅游行程规划权和旅游服务订购权等事项的主导权在哪一方，如果这些权利均掌握在旅行社手里，由旅行社主导和决定，这个合同就是包价旅游合同；反之就是委托代订合同。

（四）掌握包价旅游服务合同的总价款构成

一般由三部分构成。一是旅行社向交通、住宿、餐饮、游览等经营者支付的订购服务费用，二是旅行社自身的经营成本，如运营费用、人员工资等，三是旅行社应当获得的合理利润。

二、学习资料

《中华人民共和国旅游法》（以下简称《旅游法》）主要调整旅游者与旅游经营者之间形成的以旅游服务为主要内容的民事法律关系。因此，旅游合同既要受到《旅游法》的调整，对于《旅游法》没有特别规定的，又要适用《民法典》合同编的一般规定。

（一）旅游服务合同的当事人

1. 旅游服务合同的主体

旅游服务合同的主体，就是参与到旅游服务合同中并享有权利、承担义务的自然人、法人或组织，具体包括旅行社、旅游者和履行辅助人等旅游法律关系的主体。在我国，规范旅行社的法律法规既包括《民法典》，还有《旅游法》和《旅行社条例》等。旅游者作为旅游合同主体中不可缺少的元素，是接受旅游服务、支付旅游费用的当事人。履行辅助人是指与旅行社存在合同关系，协助其履行包价旅游合同义务，实际提供相关旅游服务的自然人、法人或者组织，如提供住宿、餐饮、运输、旅游景点服务等行为。

2. 旅行社及其主要分类

根据《旅行社条例》第2条的规定，旅行社是指从事招徕、组织、接待旅游者等活动，为旅游者提供相关旅游服务，开展国内旅游业务、入境旅游业务或者出境旅游业务的企业法人。

一是根据旅游服务的产生或实施方式的不同，旅行社可以分为组团社和地接社。根据《旅游法》第111条的规定，"组团社是指与旅游者订立包价旅游合同的旅行社"，案例中与旅游者订立包价旅游合同的是帝都旅行社，所以帝都旅行社是组团社。"地接社是指接受组团社委托，在目的地接待旅游者的旅行社"。

二是根据委托代理关系，旅行社可以分为委托旅行社和代理旅行社。《旅游法》第60条规定："旅行社委托其他旅行社代理销售包价旅游产品并与旅游者订立包价旅游合同的，应当在包价旅游合同中载明委托社和代理社的基本信息。"照此规定，将包价旅游合同委托给其他旅行社的构成了委托代理关系，将旅游服务委托给其他旅行社的是委托旅行社，接受委托单的旅行社代理履行。依照《旅游法》规定，代理旅行社应当在旅游合同中写明其受委托旅行社的委托从事相关旅游服务。

（二）旅游服务合同的种类

《旅游法》规定了旅游服务合同主要有包价旅游合同、委托代订旅游合同和旅游设计、咨询合同三大类。

1. 包价旅游合同

①包价旅游合同的概念。

根据《旅游法》第111条第3项的规定，包价旅游合同是指旅行社预先安排行程，提供或者通过履行辅助人提供交通、住宿、餐饮游览、导游或领队等两项以上旅游服务，旅游者以总价支付旅游费用的合同。

②包价旅游合同的主要特征。

根据《旅游法》第 111 条第三项的规定，包价旅游合同主要具有三个方面的特征。首先，旅行社预先安排行程。合同内容中的旅游行程及相关服务是由旅行社预先安排的，或者旅行社通过向交通、食宿、游览等经营者订购相关服务，这样旅游行程和相关的辅助服务共同构成一个完整的旅行社服务。其次，旅行社所提供的旅游服务应当包括两项或两项以上。旅行社自行提供或者旅行社向相关经营者订购后间接提供两项或两项以上服务的组合，比如交通、住宿、餐饮、游览、导游或者领队服务等。最后，合同价款以总价方式由旅行者支付。

2. 委托代订旅游合同

委托代订旅游合同，是指旅行社接受旅游者的委托，为其代订交通、住宿、餐饮、游览、娱乐等旅游服务，旅游者支付代办费用的合同。委托代订旅游合同是合同编规定的委托合同的一种类型。《旅游法》第 74 条第 1 款规定，旅行社接受旅游者的委托，为其代订交通、住宿、餐饮、游览、娱乐等旅游服务，收取代办费用的，应当亲自处理委托事务。因旅行社的过错给旅游者造成损失的，旅行社应当承担赔偿责任。

委托代订旅游合同是建立在旅游者（委托人）与旅行社（受托人）相互信任的基础上的。根据《民法典》合同编第 169 条规定，受托人应当亲自处理受托的事务，不经委托人同意，不能转托他人处理受托之事，未经委托人同意或者追认的，代理人应当对转托他人的行为承担责任。旅行社作为旅游者的受托人，仅对其代订行为承担责任。对旅行社而言，为旅游者提供代订相关服务是其经营活动，可以收取代办费用，二者之间成立的旅游代订合同属于有偿合同。

3. 旅游设计、咨询合同

旅游设计、咨询合同，是指旅行社接受旅游者的委托，为旅游者提供旅游行程设计、旅游信息咨询等服务，旅游者为此支付相应服务费用的合同。《旅游法》第 74 条第 2 款规定，旅行社接受旅游者的委托，为其提供旅游行程设计、旅游信息咨询等服务的，应当保证设计合理、可行，信息及时、准确。

（三）旅游者行使包价旅游合同转让权的相关事项

旅游者需要以亲自参加的方式才能完成旅游行程，但由于不可预见的情势变化，导致无法参加原定行程。一方面，由于大部分旅行社已向履行辅助人支付旅游团费且难以退还，若旅游者因此解除合同，将承担较大损失。另一方面，多数旅游活动对于旅游者并无特殊要求，旅游者将合同权利义务转让给第三人，由其替代参加旅游活动，尽管可能需要增加部分费用，但与可能产生的损失相比更可接受。为此，《旅游法》第 64 条规定，旅游行程开始前，旅游者可以将包价旅游合同中自身的权利义务转让给第三人，旅行社没有正当理由的不得拒绝，由此增加的费用由旅游者和第三人承担。

旅游者转让包价旅游合同的主要条件有以下几条。

①转让请求必须向合同中的旅行社提出；

②在"旅游行程开始前"提出；

③因旅游者发生替换而可能增加的旅游费用，旅游者与第三人应当向旅游经营者补交。

1. 旅游者行使包价旅游合同转让权的限制

旅行社如有正当、合理的理由，有权拒绝旅游者的转让请求。正当、合理的理由主要包括：①对原报名者办理的相关服务、手续不能变更或者不能及时变更的，如出团前无法为第三人办妥签证等；②旅游活动对旅游者的身份、资格等有特殊要求的，而第三人并不具备相应身份、资格等。

2. 旅游者解除包价旅游合同及法律后果

《旅游法》第 65 条规定，旅游行程结束前，旅游者解除合同的，组团社应当在扣除必要的费用后，将余款退还旅游者。

包价旅游合同因旅游者行使合同解除权而终止，合同规定的旅游服务已经提供的、旅游者已经享受其利益的，旅游者应当依据解除前的包价旅游合同支付相应的费用；对于尚未提供的旅游服务，旅游经营者无须继续提供，旅游者也无须就未提供的服务向旅游经营者给付报酬。实践中，由于旅游行程开始前，旅游者已预交全部旅游费用，因此，旅游经营者应当向旅游者退还相关费用。依照法律规定，组团社应当在扣除必要的费用后，将余款退还旅游者。必要费用包括两个部分：一是组团社已向地接社或者履行辅助人支付且不可退还的费用；二是旅游行程中已实际发生的费用。

（四）旅行社转让、解除合同权的行使及法律后果

1. 旅行社依法转让合同

旅行社转让合同，是指转让旅行社（即组团社）将旅游合同中的权利义务一并转让给受让旅行社（即受让社）的行为。

【法条链接】旅行社转让合同

《旅行社条例》第 36 条　旅行社需要对旅游业务作出委托的，应当委托给具有相应资质的旅行社，征得旅游者的同意，并与接受委托的旅行社就接待旅游者的事宜签订委托合同，确定接待旅游者的各项服务安排及其标准，约定双方的权利、义务。

【案例速递】新法上路让旅途不再"囧"[1]

李先生一家报名参加了"新希望"旅行社组织的新马泰 5 日游，积极交费办完相关手续，直到出发时才发现自己被转团至另一家不太了解的旅行社。李先生很生气，

1　万人瑞. 新法上路让旅途不再"囧"［N］. 工人日报，2013-09-28（5）.

自己冲着"新希望"旅行社的信誉报名参团，没经过自己同意竟然被转给了从未听说过的一家旅行社。李先生起诉组团旅行社，要求解除合同、返还团费并赔偿违约金。

> 《旅游法》第63条规定：因未达到约定人数不能出团的，组团社经征得旅游者书面同意，可以委托其他旅行社履行合同。旅游者不同意的，可以解除合同。因此，旅行社转团必须提前通知游客，从而保障了旅游消费者的知情权。得到新的行程通知后，游客可以选择由新的旅行社继续履行合同或者要求与原组团社解除合同。

此外，《旅游法》还保障了游客的求偿权。现实中存在许多旅行社在出发前临时通知游客转团的情况，许多游客考虑到旅游合同的定期性及假期的不可求偿性，为了避免假期旅游计划泡汤，往往被迫同意转团。针对这一情况，《旅游法》及《最高人民法院关于审理旅游纠纷案件适用法律若干问题的规定》明确：游客在返回后，依旧可以要求组团社承担违约责任。

2. 因未达到约定成团人数不能出团而解除合同及法律责任

包价旅游合同的价格是预先固定的，旅行社根据形成团队的旅游者数量，与每一个履行辅助人商定价格。只有达到一定数量，履行辅助人才会提供相应的价格折扣，旅行社以此确定报价；一旦达不到人数的约定，履行辅助人将调高价格，致使旅行社不能再以原报价提供服务。旅游团队的规模化才有履行辅助人的价格优惠，这与现实中的团购情况是相同的。因此，《旅游法》第63条规定，旅行社招徕旅游者组团旅游，因未达到约定人数不能出团的，组团社可以解除合同。但是，境内旅游应当至少提前7日通知旅游者，出境旅游应当至少提前30日通知旅游者。因未达到约定人数不能出团的，组团社征得旅游者书面同意后，可以委托其他旅行社履行合同。组团社对旅游者承担责任，受委托的旅行社对组团社承担责任。旅游者不同意的，可以解除合同。因未达到约定的成团人数解除合同的，组团社应当向旅游者退还已收取的全部费用。

3. 因旅游者原因导致合同解除及法律责任

包价旅游合同关系中，除因不可抗力等导致合同不能履行外，旅行社通常无权解除合同。但是，因旅游者的原因也可能导致合同不能履行。为了保护大多数旅游者的合法权益，《旅游法》第66条规定了旅行社依法解除合同的情形。

【法条链接】旅行社依法解除合同的情形

《旅游法》第66条　旅游者有下列情形之一的，旅行社可以解除合同：（一）患有传染病等疾病，可能危害其他旅游者健康和安全的；（二）携带危害公共安全的物品且不同意交有关部门处理的；（三）从事违法或者违反社会公德的活动的；（四）从事严重影响其他旅游者权益的活动，且不听劝阻、不能制止的；（五）法律规定的其他情形。

因前款规定情形解除合同的，组团社应当在扣除必要的费用后，将余款退还旅游者；给旅行社造成损失的，旅游者应当依法承担赔偿责任。

（五）包价旅游合同解除后旅行社的协助义务及费用承担

在旅游行程中，会出现基于各种原因导致的行程终止、合同解除的情形。有鉴于此，《旅游法》第68条规定："旅游行程中解除合同的，旅行社应当协助旅游者返回出发地或者旅游者指定的合理地点。由于旅行社或者履行辅助人的原因导致合同解除的，返程费用由旅行社承担。"可见，包价游合同解除后，旅行社有义务安排好后续事项，尤其是协助旅游者返回出发地。

1. 旅游者返程费用的承担

返程费用的负担，需要根据以下不同情形分别处理：

①旅游者因个人原因主动解除合同或者旅行社根据《旅游法》第66条规定行使解除权的，返程费用由旅游者自行承担。

②因不可抗力或者旅行社、履行辅助人已尽合理注意义务仍不能避免的事件，影响旅游行程的，根据《旅游法》第67条的规定，按照下列情形处理：首先，合同解除的，组团社应当在扣除已向地接社或者履行辅助人支付且不可退还的费用后，将余款退还旅游者；合同变更的，因此增加的费用由旅游者承担，减少的费用退还旅游者。其次，危及旅游者人身、财产安全的，旅行社应当采取相应的安全措施，因此支出的费用，由旅行社与旅游者分担。再次，造成旅游者滞留的，旅行社应当采取相应的安置措施。因此增加的食宿费用，由旅游者承担；增加的返程费用，由旅行社与旅游者分担。最后，由于旅行社或履行辅助人的原因导致合同解除的，返程费用由旅行社承担。

2. 旅行社履行协助旅游者返回的义务

旅游的乐趣和新鲜感就在于旅游者离开经常居住地，前往异地他乡的休闲活动。因此，旅游行程中，作为专门提供旅游服务的经营者，旅行社对旅游目的地的信息掌握较为全面，餐饮、交通、住宿等方面拥有较多的调配自由，因此，无论基于何种原因解除合同，为保护旅游者的权益和安全，法律要求旅行社承担协助安排旅游者返程的义务。根据《旅游法》第68条的规定，作为强制履行的义务，旅游者的返回地应不限于旅游出发地，也可由旅游者指定合理的地点。

（六）旅游服务合同中的违约责任

违反法律或合同约定应当承担相应责任，这是合同必须遵守的法律保障。在包价旅游合同中，主要包括旅游经营者和旅游者的违约责任。

1. 旅游经营者的违约责任

首先，是指旅行社承担违约责任。如果旅行社违反合同约定，就要依法承担相应的违约责任。《旅游法》第 70 条第 1 款规定："旅行社不履行包价旅游合同义务或者履行合同义务不符合约定的，应当依法承担继续履行、采取补救措施或者赔偿损失等违约责任；造成旅游者人身损害、财产损失的，应当依法承担赔偿责任。旅行社具备履行条件，经旅游者要求仍拒绝履行合同，造成旅游者人身损害、滞留等严重后果的，旅游者还可以要求旅行社支付旅游费用一倍以上三倍以下的赔偿金。"该条第 3 款还规定，在旅游者自行安排活动期间，旅行社未尽到安全提示、救助义务的，应当对旅游者的人身损害、财产损失承担相应责任。

其次，地接社、履行辅助人的违约责任。包价旅游合同中，服务内容包含食、住、行、游等多个方面，旅游服务实际上是组团社和地接社以及履行辅助人以各自的条件和行为能力直接或间接地为旅行者提供合同约定的服务。因此，根据《旅游法》第 71 条的规定，组团社与地接社、履行辅助人之间的违约责任的承担表现在四个方面。[1]

其一，组团社应当为地接社、履行辅助人的违约行为承担责任。在包价旅游合同关系中，无论相关旅游服务是由组团社提供的，还是由组团社通过其选择的地接社、履行辅助人提供的，违约责任均由组团社承担。由于旅游者与地接社、履行辅助人之间并无直接的合同关系，但旅游者与组团社存在合同关系，地接社、履行辅助人又是组团社选择、确定的，是代表或者协助组团社履行合同义务的，因此，地接社、履行辅助人行为的后果应当由组团社负责，旅游者有权要求组团社承担因地接社、履行辅助人违约造成损失的责任。

其二，组团社有权向地接社、履行辅助人行使追偿。根据包价旅游合同中的服务内容，组团社与地接社、履行辅助人等提供服务的经营者之间订立了合同。如果地接社、履行辅助人的服务不符合包价旅游合同要求的，等于违反了其与组团社订立的合同，组团社可以据此要求地接社、履行辅助人承担相应的违约责任。从而确立了组团社向旅游者承担包价旅游合同责任后，再向地接社、履行辅助人行使追偿权的机制。

其三，人身损害、财产损失责任的承担。在包价旅游合同的履行中，若旅行社提供的服务存在缺陷导致旅游者遭受人身损害、财产损失的，根据《民法典》侵权责任编的规定，旅游者可以直接要求作为侵权行为人的地接社、履行辅助人承担侵权赔偿责任。考虑到地接社、履行辅助人都在旅游目的地经营，直接要求其承担赔偿责任，会增加异地旅游者维权的难度。因此，旅游者也可以要求与其订立合同的组团社承担责任。这就产生违约责任与侵权责任竞合的问题。组团社承担赔偿责任后，有权向地接社履行辅助人追偿。

1　全国导游人员资格考试教材编写组. 政策与法律法规［M］. 旅游教育出版社，2022.

其四，旅行社有协助旅游者向公共交通经营者索赔的义务。根据《旅游法》第71条第2款的规定，造成旅游者人身损害、财产损失的，由公共交通经营者依法承担赔偿责任。这里所指的公共交通包括航空、铁路、航运客轮、城市公交、地铁等。

【法条链接】组团社与地接社、履行辅助人之间的违约责任

《旅游法》第71条　由于地接社、履行辅助人的原因导致违约的，由组团社承担责任；组团社承担责任后可以向地接社、履行辅助人追偿。

由于地接社、履行辅助人的原因造成旅游者人身损害、财产损失的，旅游者可以要求地接社、履行辅助人承担赔偿责任，也可以要求组团社承担赔偿责任；组团社承担责任后可以向地接社、履行辅助人追偿。但是，由于公共交通经营者的原因造成旅游者人身损害、财产损失的，由公共交通经营者依法承担赔偿责任，旅行社应当协助旅游者向公共交通经营者索赔。

【法条链接】旅行社的违约责任

旅行社条例》第37条　旅行社将旅游业务委托给其他旅行社的，应当向接受委托的旅行社支付不低于接待和服务成本的费用；接受委托的旅行社不得接待不支付或者不足额支付接待和服务费用的旅游团队。

接受委托的旅行社违约，造成旅游者合法权益受到损害的，作出委托的旅行社应当承担相应的赔偿责任。作出委托的旅行社赔偿后，可以向接受委托的旅行社追偿。

接受委托的旅行社故意或者重大过失造成旅游者合法权益损害的，应当承担连带责任。

2.旅游者的违约责任

旅游者在旅游活动中或者在解决纠纷时的不当行为，可能导致损害旅行社、履行辅助人、旅游从业人员或者其他旅游者的合法权益的情形，主要有以下三种类型：[1]

（1）影响行程，阻碍合同的正常履行

旅游者不遵守行程时间安排的，擅自脱团不归的，违反目的地法律、法规或风俗习惯、禁忌被当地部门处理的，采取"霸机"、阻止经营者或从业人员正常服务等不正当手段解决纠纷的，都会造成团队无法按照行程计划顺利进行活动甚至滞留的后果，给旅行社和同团旅游者的利益带来损失。

（2）侵害他人的财产权

旅游者在行程中故意或过失侵害他人的财产，包括对旅行社、履行辅助人、旅游

---

[1] 全国导游人员资格考试教材编写组.政策与法律法规［M］.旅游教育出版社，2022.

从业人员或者其他旅游者在内的公私财物的侵犯。例如，拿走飞机上的救生衣、损毁酒店或客房物品、在景区内乱涂乱画等。

（3）侵害他人的人身权

旅游者侮辱、打骂旅游从业人员或其他旅游者等的行为，都属于侵犯人身权的行为。

【法条链接】旅游者的违约责任

《旅游法》第72条　旅游者在旅游活动中或者在解决纠纷时，损害旅行社、履行辅助人、旅游从业人员或者其他旅游者的合法权益的，依法承担赔偿责任。

三、边学边练

表7.6.1　"处理旅游服务合同实务"学生行动表现评价和反思表

典型工作环节名称	具体任务	学生行动表现评价（自评 ×30%+ 互评 ×30%+ 老师评价 ×40%）				学生行动表现反思	
		自评得分	互评得分	教师评价得分	小计得分	学生反思	教师点评
处理旅游服务合同实务	1.区分地接社和组团社（20分）						
	2.知晓旅游辅助人的服务种类（30分）						
	3.辨析包价旅游合同和代订旅游合同（20分）						
	4.掌握包价旅游服务合同的总价款构成（30分）						
签字		自评人签字：		互评人签字：		教师签字：	
最终得分						—	
累计得分						—	
对自己未来行动表现有何期待							

四、巩固练习

甲参加乙旅行社组织的旅游活动。未经甲和其他旅游者同意，乙旅行社将本次业务转让给当地的丙旅行社。丙旅行社聘请丁公司提供大巴运输服务。途中，由于丁公司司机黄某酒后驾驶与迎面违章变道的个体运输户刘某驾驶的货车相撞，造成甲受伤。下列判断正确的有哪些?

A. 请求乙旅行社和丙旅行社承担连带赔偿责任。

B. 请求丁公司和黄某承担连带赔偿责任。

C. 请求丁某承担赔偿责任。

要点解析
本题主要考查旅行社转让合同的连带责任。（1）转让合同的旅行社负连带责任。《旅游法司法解释》第10条第1款规定："旅游经营者将旅游业务转让给其他旅游经营者，旅游者不同意转让，请求解除旅游合同、追究旅游经营者违约责任的，人民法院应予支持。"《旅游法司法解释》第10条第2款规定："旅游经营者擅自将其旅游业务转让给其他旅游经营者，旅游者在旅游过程中遭受损害，请求与其签订旅游合同的旅游经营者和实际提供旅游服务的旅游经营者承担连带责任的，人民法院应予支持。"因此本题中，乙、丙对甲负连带责任。所以A对，选A。
丁公司是履行辅助人，承担交通服务。丁公司司机黄某酒后驾驶是履行法人职务的行为，因此侵权责任不是由司机黄某承担，而是由丁公司承担。所以B错误。
"由于丁公司司机黄某酒后驾驶与迎面违章变道的个体运输户刘某驾驶的货车相撞，造成甲受伤"，属于机动车之间的事故，根据《中华人民共和国道路交通安全法》第76条的规定，丁公司和刘某都有过错，都应负侵权责任。所以C对，选C。

参考文献
Reference

［1］王利明，杨立新，王轶，等.民法学：上［M］.6 版.北京：法律出版社，2020.

［2］王利明，杨立新，王轶，等.民法学：下［M］.6 版.北京：法律出版社，2020.

［3］王利明.民法：上［M］.8 版.北京：中国人民大学出版社 2020 年版。

［4］梁慧星.民法总论［M］.6 版.北京：法律出版社，2021.

［5］崔建远.合同法［M］.7 版.北京：法律出版社，2021.

［6］贺荣.最高人民法院民法典总则编司法解释理解与适用［M］.北京：人民法院出版社，2022.

［7］黄薇.中华人民共和国民法典合同编解读：上册［M］.北京：中国法制出版社，2020.

［8］王文军.论继续性合同的解除［J］.法商研究，2019，36（2）：159-169.

［9］舒金曦.房屋租赁合同中出租人交付义务履行的认定：贵阳中院再审判决启才公司诉美盈公司房屋租赁合同纠纷案［N］.人民法院报，2021-08-26（7）.

［10］陶玉琼.理性下单，诚信履约！［N］.陕西日报，2021-12-17（15）.

［11］史敬阳.未订立书面合同，法院判决居住权不成立［N］.中国妇女报，2021-01-13（6）.

［12］陈颖婷.广告承诺"地铁商铺"实际连地铁都没：购房者要求退一赔一被驳回［N］.上海法治报，2022-03-04（A08）.

［13］金勇.老人收回房屋自住，要赔钱？：调解员耐心释法，成功化解一起租房违约纠纷［N］.上海法治报，2022-04-12（2）.

［14］刘冰玉.奖品在哪？［N］.四川法治报，2021-11-25（4）.

［15］王一多.购房人被银行拒贷 开发商要求赔偿 这违约金该不该给？［N］.四川法治报，2022-02-24（6）.

［16］太仓市同维电子有限公司.一张图，看懂承揽合同与委托合同的区别［EB/OL］.（2018-12-18）［2022-05-01］.太仓市同维电子有限公司微信公众号.

［17］湖北省安陆市人民法院.诉前调解"知多少"，小编带你了解一下！［EB/OL］.
（2022-05-10）［2022-07-21］.湖北省安陆市人民法院微信公众号.

［18］宁波北仑法院.乘客下车时被带倒受伤，法院：公交公司承担违约责任，并赔偿
精神损害抚慰金！［EB/OL］.（2021-08-20）［2022-07-21］.宁波北仑法院微信
公众号.

［19］豫法阳光.如何尽快拿到执行款？法官特别提醒：申请强制执行的这些要点一定
要看！［EB/OL］.（2021-10-22）［2022-07-05］.豫法阳光微信公众号.

［20］徐州中院民一庭.徐州法院民一条线热点法条指引之（39）——合同履行原则.
［EB/OL］.（2021-01-10）［2022-08-01］.徐州审判微信公众号.

［21］曹明哲.网购遭遇"憋屈"？法官支招赶快get［N］.人民法院报，2019-07-02（6）.

［22］徐风.限制商品过度包装新版国标发布［EB/OL］.（2021-09-03）［2022-07-06］.
光明网.

［23］刘晓巍.电子合同订立与履行时间的确定规则［EB/OL］.（2021-04-12）［2022-
07-06］.北京岳成黑龙江律师事务所公众号.

［24］全国导游人员资格考试教材编写组.政策与法律法规［M］.北京：旅游教育出版
社，2022.

［25］合绎说法.民法典：绿色原则［EB/OL］.（2020-09-01）［2022-07-06］.合绎说
法微信公众号.

［26］许海峰.合同编第30讲：双方互负债务，履行竟然陷入僵局？［EB/OL］.
（2021-10-08）［2022-07-06］.旅游法狮.

［27］李维春.未明确约定费用结算时间的合同纠纷［EB/OL］.（2021-03-25）［2022-
07-06］.麒正万象微信公众号.

［28］星煌商事律师团队.合同生效条件约定，可别忽视了这些细节［EB/OL］.
（2021-06-09）［2022-07-06］.星煌商事律师团队微信公众号.

［29］甘东阳.如何合理科学地起草与审查合同违约条款［EB/OL］.（2021-07-13）
［2022-07-06］.小甘普法微信公众号.

［30］万人瑞.新法上路让旅途不再"囧"［N］.工人日报，2013-09-28（5）.